essentials

Essentials liefern aktuelles Wissen in konzentrierter Form. Die Essenz dessen, worauf es als „State-of-the-Art“ in der gegenwärtigen Fachdiskussion oder in der Praxis ankommt. Essentials informieren schnell, unkompliziert und verständlich.

- als Einführung in ein aktuelles Thema aus Ihrem Fachgebiet
- als Einstieg in ein für Sie noch unbekanntes Themenfeld
- als Einblick, um zum Thema mitreden zu können.

Die Bücher in elektronischer und gedruckter Form bringen das Expertenwissen von Springer-Fachautoren kompakt zur Darstellung. Sie sind besonders für die Nutzung als eBook auf Tablet-PCs, eBook-Readern und Smartphones geeignet.

Essentials: Wissensbausteine aus Wirtschaft und Gesellschaft, Medizin, Psychologie und Gesundheitsberufen, Technik und Naturwissenschaften. Von renommierten Autoren der Verlagsmarken Springer Gabler, Springer VS, Springer Medizin, Springer Spektrum, Springer Vieweg und Springer Psychologie.

David Bebnowski

Die Alternative für Deutschland

Aufstieg und gesellschaftliche Repräsentanz einer rechten populistischen Partei

David Bebnowski
Universität Göttingen
Göttingen
Deutschland

ISSN 2197-6708 ISSN 2197-6716 (electronic)
essentials
ISBN 978-3-658-08285-7 ISBN 978-3-658-08286-4 (eBook)
DOI 10.1007/978-3-658-08286-4

Die Deutsche Nationalbibliothek verzeichnet diese Publikation in der Deutschen Nationalbibliografie; detaillierte bibliografische Daten sind im Internet über http://dnb.d-nb.de abrufbar.

Springer VS

Gedruckt auf säurefreiem und chlorfrei gebleichtem Papier

Springer Fachmedien Wiesbaden ist Teil der Fachverlagsgruppe Springer Science+Business Media
(www.springer.com)

Was Sie in diesem Essential finden können

- Eine porträtierende Bestandsaufnahme der AfD
- Die Einordnung der Parteiideologie zwischen Konservatismus, Liberalismus und Rechtspopulismus
- Die Entstehungsgeschichte der AfD über Porträts ihrer Europaabgeordneten
- Eine Analyse der Aufstiegsbedingungen der AfD
- Die Bedeutung der Partei angesichts aktueller gesellschaftlicher Entwicklungen

Inhaltsverzeichnis

1 Einleitung

„Mut zur Wahrheit“, so lautet es, das Motto der Alternative für Deutschland. Gleich zur Einleitung dieses Essays sollte man die AfD beim Wort nehmen und eine Wahrheit artikulieren, die spätestens nach den jüngsten Wahlerfolgen der Partei in Ostdeutschland plan vor aller Augen liegt: Natürlich lässt sich nach den Parlamentseinzügen der Partei festhalten, dass die AfD das bislang fehlende „parteiförmige Vehikel“ (Becher 2013, S. 69) verkörpert, das die „rechtspopulistische Lücke“ (Häusler und Roesner 2014, S. 5) in der Bundesrepublik schließt.

Jene Lücke war dadurch entstanden, dass „rechte“ Einstellungsmuster in der Bevölkerung bislang von den tatsächlichen Wahlentscheidungen kaum abgebildet wurden. Seit Jahren warnten Forscher auf Grundlage unterschiedlicher Langzeitstudien davor, dass die Zustimmung zu Kernbestandteilen „gruppenbezogener Menschenfeindlichkeit“ oder „geschlossen rechtsextremen Weltbildern“ auch in der Mitte der Bevölkerung auf einem hohen Niveau liegt und in den letzten Jahren gar erneut angezogen hat (Vgl. Klein und Heitmeyer 2012; Decker et al. 2012).

Sorgt die AfD für eine andere Situation? Zumindest kann kein Zweifel daran bestehen, dass sie nicht nur rechte Meinungen und Standpunkte, sondern auch Personen mit einer rechtspopulistischen Vita in die Parlamente überträgt. Eine Durchsicht der bisherigen Literatur über die Partei, die Äußerungen führender Politiker, die Überläufer aus anderen rechten Parteien und die unverhohlene Nähe zur rechten Publizistik lassen kaum einen anderen Schluss zu, als die AfD deutlich *rechts von CDU und FDP zu verorten.*

Auch führende AfD Politiker scheinen sich – ganz anders als kurz nach der Parteigründung – zu dieser Positionierung zu bekennen. Laut Hans-Olaf Henkel sei „[d]ie politische Landschaft […] nach links gerückt, deswegen stehen wir rechts.

D. Bebnowski, *Die Alternative für Deutschland,* essentials,
DOI 10.1007/978-3-658-08286-4_1

Aber wir stehen richtig." (Häusler 2014, S. 15). Überhaupt sei seiner Ansicht nach „nichts falsch daran rechts zu sein", denn „Rechts dürfe nicht mit rechtsextrem verwechselt werden" (ebd.). Henkel spricht in dieser – zuerst in der neurechten Jungen Freiheit erschienenen – Passage offen die Zielrichtung der AfD an: Sie *soll* sich rechts der Unionsparteien etablieren.

Betrachtet man aktuelle Äußerungen aus der Partei nach den Europawahlen im Mai 2014, dann wurde dieser Anspruch bereits eingelöst.[1] So liegen Hinweise dafür vor, dass Ratsfraktionen der AfD in mehreren Städten Nordrhein-Westfalens in Abstimmungen mit Abgeordneten der rechtspopulistischen Pro-NRW und der rechtsextremen NPD paktierten (Burger 19.8.2014; Haimerl 29.7.2014). Mittlerweile sind solche Absprachen im Rat der Stadt Duisburg bestätigt worden (Burger 8.10.2014). Die sächsische AfD lud im Landtagswahlkampf auf Betreiben der parteinahen nationalkonservativen „Patriotischen Plattform" den österreichischen FPÖ-Vordenker Andreas Mölzer ein, der die EU als „Negerkonglomerat" bezeichnet hatte (SPON 15.8.2014). In den ostdeutschen Wahlkämpfen schlug die AfD zudem deutlich nationalchauvinistische Töne an. So wertete der thüringische Landesvorsitzende der AfD, Björn Höcke, Minarette als „‚Symbol für Landnahme' und Signal, dass ‚Europa ein vom Islam dominierter Kontinent wird'" (Ammann et al. 22.9.2014). In einem Interview mit der rechtsextremen Zeitschrift „Zuerst!" bekannte auch er in einem auch für Rechtsextreme typischen Duktus, in dem die politische Linke mit betrügerischen Absichten und die Rechte mit dem Recht assoziiert wird, „rechts" sei nicht schlecht: „Der Rechtsanwalt ist ein honoriger Mann, wir umgeben uns gerne mit rechtschaffenen Menschen – dafür umso weniger mit linkischen." (Speit 26.9.2014). Nach den hohen Zuspruchsraten in den ostdeutschen Bundesländern – 9,7 % in Sachsen, 10,6 % in Thüringen und 12,2 % in Brandenburg – sind unter den Abgeordneten der AfD ehemalige Mitglieder der rechtspopulistischen Partei Pro-Deutschland oder der islamophoben Die Freiheit. Sowohl aus der brandenburgischen wie aus der sächsischen AfD-Fraktion wurden inzwischen Abgeordnete ausgeschlossen, als deren Verbindungen in Neonazi-Netzwerke beziehungsweise antisemitische Äußerungen bekannt wurden (Schmidt 9.9.2014; Maier 29.9.2014).

Sicher bildet die AfD auch andere politische Mentalitäten, Meinungen und Weltanschauungen ab. Nichts wäre jedoch fahrlässiger, als sich in der öffentlichen Debatte mit Standpunkten wie dem des brandenburgischen AfD-Fraktionsvorsitzenden Alexander Gauland zufriedenzugeben. Dieser drückte ausdrücklich seine

[1] Der Rahmen dieses Buches würde durch eine Darstellung derartiger Ereignisse gesprengt, weswegen auf die detailreichen Zusammenfassungen von Alexander Häusler (2013, 2014) verwiesen wird.

Unterstützung der Politiker mit rechter Vita aus – ihm seien in persönlichen Gesprächen keine rechten Äußerungen der Betreffenden untergekommen (am Orde/Litschko 22.9.2014). Dass die AfD argumentiert, der Rechtspopulismusvorwurf sei ein Totschlagargument ihrer politischen Gegner, ist aus ihrer Sicht verständlich. Freilich darf die Wissenschaft hieraus aber nicht im vorauseilenden Gehorsam ableiten, diese offensichtliche Problematik in der AfD *nicht* zu thematisieren.

Trotz alledem bleibt es natürlich geboten, sich der AfD differenziert zu nähern. *Ziel* ist deswegen eine mehrdimensionale Bestandsaufnahme der AfD über die Entwicklung der Partei, prägende Persönlichkeiten und die Weltanschauung der AfD vorzunehmen. Dabei liegt der Fokus des Buches auf der Parteientwicklung bis zum Sommer des Jahres 2014, nach den Europawahlen. Die Betrachtung der Partei auf Landesebene, nach den Wahlen in Brandenburg, Sachsen und Thüringen, fließt nur punktuell in diese Studie ein. Im Mittelpunkt der Untersuchung stehen drei Aspekte: Die *Parteiideologie*, die *Entstehungsgeschichte* der „Alternative" und die *Gründe für den Erfolg* der Partei. Diese drei Komplexe strukturieren den Aufbau der Abhandlung.

Ideologische Bausteine der Alternative für Deutschland: Konservatismus, Marktliberalismus und Populismus

2

Es wirkt, als hätte die AfD den zweiten Schritt vor dem ersten vollzogen. Obwohl es der Partei in weiten Teilen an einem ausgearbeiteten politischen Programm fehlt, befindet sie sich seit ihrer Gründung ununterbrochen im Wahlkampf. Aus strategischer Sicht war der Zeitpunkt der Parteigründung aber klug gewählt: Schließlich beschwören Wahlkämpfe den politischen Zusammenhalt und bieten innerparteilichen Richtungsstreits nur wenig Raum.

All dies heißt nun nicht, dass man die ideologischen Leitplanken der Partei nicht beschreiben könnte. Denn es ist schon auffällig, dass unterschiedliche weltanschauliche Lager in der AfD regelmäßig heftig streiten (Leber 4.3.2014). Dabei teilt sich die Partei offensichtlich in zwei Flügel. Einem *liberalen* Parteiflügel (Leber 3.4.2014) steht ein *konservativer* Teil der Partei gegenüber. Wie in der Einleitung dieser Studie gezeigt wurde, weist die AfD überdies *rechtspopulistische* Positionen und Personen auf. Die folgenden Ausführungen zeigen, dass all diese unterschiedlichen Stoßrichtungen nicht im Widerspruch miteinander stehen.

2.1 Konservatismus und Reaktion: „Ideologiefreiheit", die Familie als Keimzelle der Gesellschaft und die Sehnsucht nach Souveränität

Eine Partei, die sich nicht positiv auf die Mitte der Gesellschaft bezieht, wird keine Wahlerfolge feiern dürfen. Die Rede von der Mitte appelliert stets an das „richtige Maß", an das, was als gut oder zumindest nicht unangenehm auffällig gilt (Münkler 2012), auch deswegen verortet sich ein Großteil der deutschen Bevölkerung

D. Bebnowski, *Die Alternative für Deutschland,* essentials,
DOI 10.1007/978-3-658-08286-4_2

mittig. So erklären sich auch die Worte Bernd Luckes auf dem Gründungsparteitag der AfD: „[W]ir erleben hier die Geburtsstunde einer neuen Partei […]. Einer Partei, die aus der Mitte der Gesellschaft kommt." (Lucke 2013). Hierzu passt zudem, dass Bernd Lucke die AfD in seinen Reden und Interviews zahm als Repräsentantin „unideologischer Werte" (Kanuß 12.3.2013) darstellt. So tritt er dafür ein „dass die AfD eine von engstirniger Ideologie freie, politisch breite Volkspartei des gesunden Menschenverstandes sein wird." (Lucke 2014).[1]

Ein Blick in die Ideengeschichte setzt den Konservatismus als politische Strömung, die einen ähnlich nonchalanten Pragmatismus vertrat, ins Bild (Schildt 2013, S. 192). Konservative verfolgen „eher eine Lebenshaltung als eine Doktrin". (Großheim und Hennecke 2013, S. 12). Deswegen formulieren sie keine begründenden Theorien oder Ideologien, sondern vertrauen auf Instinkt und Gefühl, kurz: „das konservative Bewusstsein [bewegt sich] nicht auf der Ebene der Ideen". (Mannheim 1952, S. 200). In Verbindung mit einem skeptischen Menschenbild scheint dies gar besonders realitätsnah – ein Fehler, denn gerade die Aversion gegenüber Weltanschauungen bringt *den* blinden Fleck konservativen Denkens hervor: Der Konservatismus trägt stets „nur die eigene Ideologie vor[…], ohne zu einem Verständnis seiner selbst vorzudringen." (Greiffenhagen 1971, S. 22).

Vor diesem Hintergrund lohnt es besonders, konservative Ideen in der AfD zu beleuchten. Eine typische Stütze konservativen Denkens ist der Bezug auf die *Souveränität*. Im Europaprogramm der AfD nimmt diese eine herausgehobene Stellung ein. „Die AfD wird die deutschen Wähler aufrütteln angesichts des drohenden Verlusts unserer Souveränität an ein unausgegorenes Konstrukt der Vereinigten Staaten von Europa. Einen europäischen Bundesstaat nach dem Vorbild der Vereinigten Staaten von Amerika lehnt die AfD ab, da es keine europäische Nation und kein europäisches Staatsvolk gibt." (S. 2). Das Souveränitätsverständnis der AfD stützt sich hier auf das *Volk*, ein Begriff, der in Verbindung mit dem Staat eine wesentliche Rolle im konservativen Denken spielt (Großheim 2013, S. 132). Schließlich erblickt der Konservatismus im Volk den substanziellen Hüter von Werten: „Volk ist deshalb dem Konservativen nicht Zielgemeinschaft sondern Herkunftsgemeinschaft." (Greiffenhagen 1971, S. 285).

Souveränität, so legen es die Ausführungen nahe, gibt es für die AfD somit in einem Nationalstaat, der wiederum auf der nationalen Zugehörigkeit basiert. Der Souverän besteht dabei in Form einer wesensmäßig homogenen, geschlossenen Volksgruppe. Ein Verständnis nationalstaatlicher Identität, die sich infolge gemeinsamen praktischen Handelns, als Prozess eines Austauschs zwischen den

[1] Auch die Jugendorganisation der AfD, Junge Alternative (JA), wirbt mit dem Scheingegensatz „Verstand statt Ideologie".

Gesellschaftsmitgliedern, einstellt (Habermas 1992, S. 3), liegt der AfD fern. Es ist deshalb auch nur wenig überraschend, dass sie sich laut aktueller Beschlusslage, anders als die Unionsparteien, gegen die doppelte Staatsbürgerschaft ausspricht.[2]

Der Bezug der AfD auf ein homogenes Volk, das seinerseits Grundlage von Identität, Staatszugehörigkeit und Souveränität ist, kann als „ethnizistisch"[3] (Großheim 2013, S. 133) eingestuft werden und verweist auf die Gedankenwelt der „konservativen Revolution" (ebd.; Greiffenhagen 1971, S. 278 ff.). Es verwundert kaum, dass die AfD vom Anfang ihres Bestehens Unterstützung neurechter Medien wie der Jungen Freiheit, der Sezession oder der Blauen Narzisse erhielt, die unter Bezug auf diese Traditionen ähnliche politische Standpunkte propagieren (Häusler 2014, S. 90 ff.).

Wechselt man vom Begriff des Volkes zur Konzeption der Gesellschaft, fällt in der AfD ein weiteres klassisches konservatives Element politischen Denkens auf: Die *Familie* gilt ihr als „Keimzelle der Gesellschaft" (AfD-Programm). Diese Familie als Ordnungsfigur lässt sich aus zwei Lagern begründen, die die ideologischen Strömungen der Partei ganz wesentlich beeinflussen, *Christen* und *Ordoliberale.*[4] Überraschend ist die Verschmelzung von christlich-konservativen Werten mit ordoliberalen Positionen in der AfD nicht. Schließlich liegen den Vorstellungswelten ökonomischer Vordenker starke konservative Elemente zugrunde (Greiffenhagen 1971, S. 306). Die Familie ist deswegen wichtig, da „Christen und Ordo-Liberale […] das Bemühen um eine natürlich-hierarchische Gliederung der Gesellschaft" (Grebing 1971, S. 49) eint. In engster Verbindung mit der Familie steht dabei das *Subsidiaritätsprinzip* als „‚Bau- und Ordnungsgesetz der menschlichen Gesellschaft', das das Eigengewicht der kleinen Gemeinschaften als Gegengewicht gegen das Ordnungsmonopol des Staates stärken soll." (ebd.) Tatsächlich nimmt dieses Prinzip in der AfD eine zentrale Stellung ein, im Europaprogramm forderte sie sogar, einen „Subsidiaritätsgerichtshof" einzuführen (S. 9).

Die Familie und das Subsidiaritätsprinzip sind in vielen politischen Spielarten zentrale ideelle Bezugspunkte. Beide Elemente lassen sich allerdings leicht zu antimodernen Ordnungsvorstellungen verbinden. Nach Grebing lässt sich durch ihre Kombination ein auf Gleichberechtigung und Teilhabe abzielendes „Demokratisierungsverlangen" (Ebd., S. 50) abwehren. „[E]ine durch das Subsidiaritätsprinzip

[2] Vgl. o. V. (o. D.) Beschluss zur endgültigen Einführung der doppelten Staatsbürgerschaft. Online: http://www.alternativefuer.de/beschluss-zur-endgueltigen-einfuehrung-der-doppelten-staatsbuergerschaft/ (1.10.2014).

[3] Großheim nimmt die Unterscheidung des Volks in *demos*, das Volk in einem Staat, die Staatsbürger, und *ethnos*, das wesensmäßig und identitär geschlossene Volk vor (2013, S. 179).

[4] Zu letzteren die Kap. 2.2, 2.3 und 5.

gezügelte Demokratie darf die natürliche innere Ordnung der Lebensformen der menschlichen Gesellschaft […] nicht tangieren. Urzelle und Leitbild für alle ihr nachfolgenden Gemeinschaften ist die Familie, alle echten Gemeinschaften, so heißt es, sind analog der Familie strukturiert, organische Entfaltung der Urfamilie." (Grebing 1971, S. 50).

In der AfD finden sich etliche Hinweise darauf, dass sie exakt ein solches organisches Gesellschaftsbild propagieren möchte. *Zunächst* sieht man dies dort, wo es explizit um die Familie geht. Das Familienbild der AfD besteht aus Mutter, Vater und mehreren Kindern. Explizit wird dies bei der sächsischen AfD-Vorsitzenden Frauke Petry im dortigen Wahlkampf. „‚Die deutsche Politik hat eine Eigenverantwortung, das Überleben des eigenen Volkes, der eigenen Nation sicherzustellen', erklärte sie. Wünschenswert sei daher, dass eine normale deutsche Familie drei Kinder habe, bekräftigte Petry die Position ihrer Partei" (Petry nach Ewert 21.08.2014). An dieser Stelle sieht man, dass sich die geschilderten Bestandteile des Konservatismus in der AfD tatsächlich im Sinne einer organischen Gesellschaftsvorstellung miteinander verbinden. Die Familie wird hier aber nicht nur als ordnungsbildende Leitfigur benutzt, sondern verkoppelt sich mit dem oben ausgeführten *ethnizistischen Volksverständnis*: Schließlich würde das „deutsche Volk" verschwinden, wenn sich „normale deutsche Familien" nicht ausreichend vermehrten.

Es ist eindeutig, dass Petry hier nach dem Muster Thilo Sarrazins vor einer abnehmenden gebildeten autochthonen deutschen Bevölkerung warnt, deren Schrumpfen Deutschland „abschaffe". Da bildungsferne Schichten und die Gruppe der Immigranten muslimischen Glaubens höhere Geburtenraten aufweisen als solche aus der bildungsbürgerlichen Mitte, komme es zur Verfestigung der sogenannten „Unterschicht". Die höheren Geburtenraten gering gebildeter oder Muslime „wäre[n] weniger schlimm, wenn nicht gleichzeitig die deutsche Bevölkerung mit mittlerer und hoher Bildung in jeder Generation um ein Drittel schrumpfen […] würde." (Sarrazin 2010, S. 372). All dies verdichtet sich bei Sarrazin im Szenario des schleichenden Untergangs. „Es [Deutschland] vergeht still mit den Deutschen und mit der demographisch bedingten Auszehrung ihres intellektuellen Potentials." (Ebd., S. 393). Sarrazin rät – wie Petry – zum Ausgleich der Entwicklungen an, autochthone deutsche Familien aus der bürgerlichen Mitte zu fördern (Ebd., S. 378–390). Darüber hinaus müsse die Zuwanderung nach Deutschland streng von der Qualifikation zukünftiger Immigranten abhängig gemacht werden (Vgl. ebd., S. 338 f.).

Exakt dieses integrationspolitische Argument findet sich auch in den Leitlinien der AfD. Die Partei fordert eine Neuordnung des Einwanderungsgesetzes „nach kanadischem Vorbild": „Deutschland braucht qualifizierte und integrationswillige

Zuwanderung. […] Eine Zuwanderung in unsere Sozialsysteme muss unbedingt unterbunden werden." Das kanadische Modell der Zuwanderung beruht auf *Nützlichkeitsüberlegungen*. Anhand von Punktesystemen wird die Zuwanderung einerseits von der Qualifikation der Immigranten, andererseits von der Nachfrage am Arbeitsmarkt abhängig gemacht. Menschen werden hier entlang eines ökonomisch definierten Standards in „‚Nützliche' und ‚Nutzlose' sortier[t]." (Thieme 2013, S. 76). Die typischen Feindbilder sind: „Die ‚nutzlosen' Einwanderer, die im Grunde nur nach den Früchten unseres Sozialsystems trachten. Und ganz allgemein natürlich das Bild des arbeitsscheuen Menschen, der das Sozialsystem betrügt, wo es nur geht." (Ebd.) So sind es laut Bernd Lucke etwa die Einwanderer aus Südosteuropa, die in Deutschland schließlich einen „sozialen Bodensatz [bilden], der lebenslang in unseren Sozialsystemen verharrt" (Schneider 13.9.2013).

Das positive Gegenbild bildet eine *Leistungsgesellschaft*, die sich wiederum über das Subsidiaritätsprinzip sowohl aus christlich-konservativen wie ordoliberalen Standpunkten rechtfertigen lässt (Grebing 1971, S. 49). Dies ist der *zweite* Punkt. Wortmeldungen wichtiger Unterstützer der Partei sind bezeichnend, sie entwickelten unterschiedliche Konzepte, mit denen „das allgemeine Wahlrecht zugunsten des gut verdienenden Mittelstandes aufgelöst werden soll." (Kemper 2013, S. 49 ff.). Vorstandsmitglied Konrad Adam forderte vor wenigen Jahren die Abschaffung des Wahlrechts für Arbeitslose, der Wirtschaftsprofessor Roland Vaubel den Schutz der Leistungseliten über ein Zweikammernsystem, das nicht mit einem freien und gleichen Wahlrecht vereinbar wäre (Ebd., S. 61 f.; Häusler 2013, S. 37).

Explizit wird der Konnex von leistungsgesellschaftlicher Ordnung und Subsidiarität in den Programmen. Etwa dort, wo die AfD eine EU einfordert, „die auf Subsidiarität statt auf Zentralismus und auf Wettbewerb statt Gleichmacherei und Harmonisierung setzt." (Europaprogramm, S. 2). Aber auch an anderen Stellen wird leistungsgesellschaftlichen Konzepten auf schein-natürlicher Grundlage Vorrang gewährt. Etwa dort, wo die Partei Gleichstellungsprogramme in Form von Frauenquoten ablehnt. „In der Privatwirtschaft wie im Öffentlichen Dienst muss bei Stellenbesetzungen im Grundsatz die Qualifikation, nicht das Geschlecht den Ausschlag geben." (Ebd., S. 18).

An dieser Stelle muss man jedoch einen Schritt zurücktreten. Auch wenn es in der AfD deutlicher und zugespitzter als in anderen Parteien geschieht, artikuliert sie mit diesen Konzepten Überlegungen, die ebenso die Unionsparteien, mit Abstrichen auch die SPD, vor allem aber natürlich die sieche FDP vertreten. Tatsächlich pochten Teile des bürgerlichen Spektrums in den zurückliegenden Jahren deutlich auf eine Befolgung marktwirtschaftlicher Prinzipien und betonten die Relevanz „wertebasierter" konservativer Politik. Es ist jenes Begehren, das die „Alternative" bedient.

In einem *dritten* Punkt unterscheidet sich die junge Partei jedoch markant von diesen politischen Mitbewerbern. Denn sie bringt viel weniger Toleranz gegenüber Lebensentwürfen auf, die von dem Ideal der Familie abweichen. Führende Repräsentanten der Partei äußern sich deutlich abfällig gegenüber Homosexuellen. So hätte Ex-Fußballer Thomas Hitzlsperger sein „Outing" durch ein Bekenntnis zur Familie ergänzen sollen (Lucke nach Bender 11.1.2014). In den Abhandlungen des Soziologen Andreas Kemper finden sich weitere Beispiele, in dem er auf den von der AfD benutzten Begriff der *Homolobby* rekurriert. Kemper kommt zu dem Schluss, dass die Mitglieder der AfD, die traditionelle Familie durch eine machtvolle, mit den Medien verbandelte „Homolobby" bedroht sähen (2014, S. 31).

Es passt dazu, dass sich die Partei explizit gegen Versuche einer Gleichstellung der Geschlechter mittels Gender Mainstreaming richtet – dieses ziele „auf eine Aufhebung der Geschlechteridentitäten" (Europaprogramm, S. 18). Die AfD möchte traditionelle Identitäten fördern: „Gleichberechtigung der Geschlechter" sei „unter Anerkennung ihrer unterschiedlichen Identitäten, sozialen Rollen und Lebenssituationen" (ebd.) durchzusetzen. Mit anderen Worten seien soziale Rollen und Positionen auf einer – sozialwissenschaftlich bekanntlich hoch umstrittenen – biologischen Grundlage fest zu schreiben. Insbesondere die politische Jugendorganisation der AfD, die „Junge Alternative" (JA), stellt sich in diesem Sinne kontrovers als antifeministische Kraft dar und deutete Versuche zur Gleichberechtigung der Geschlechter als „Gleichmacherei" (insgesamt: Kemper 2014; Oestreich 21.4.2014). Auch auf AfD-Parteitagen entfacht diese Thematik starke emotionale Wallungen. Applaus brandet auf, wenn Begriffe wie „Hypersexualisierung der Kinder" fallen. Es verwundert nicht, dass die AfD Demonstrationen der Initiative „Demo für alle" unterstützt, die unter dem Motto „Ehe und Familie vor! Stoppt Gender Ideologie und Sexualisierung unserer Kinder" stehen. Teile der AfD, als Aushängeschild dient hier vor allem Beatrix von Storch (Kap. 3.4), betätigen sich zudem in der unübersichtlichen Bewegung der „Lebensschützer", die Abtreibungen, selbst im Falle einer Vergewaltigung, verbieten möchte (Hunger et al. 23.8.2014).

Abschließend: Es ist völlig unstrittig, dass etwa in der Betonung eines identitär verstandenen Volks- und Souveränitätskonzepts Berührungspunkte mit dem Rechtsextremismus liegen (Häusler 2013, S. 13 ff.). Das mantrenhafte Bekenntnis der AfD, Rechtsextremen keine Anknüpfungspunkte zu liefern, klingt bereits aus diesem Punkt unglaubwürdig. Und dennoch wäre es unpräzise, all diese Standpunkte per se als rechtspopulistisch einzustufen. Vielmehr entstammen sie zunächst „nur" dem Reich konservativer Vorstellungswelten. Allerdings muss hier eine Qualifizierung vorgenommen werden: Betrachtet man nämlich gesellschaftlich weithin akzeptierte Verhaltensweisen und Rollenmuster im Jahr 2014, wird deutlich, dass die „Alternative" überwundene Ideale propagiert. Die geschilderten konservativen Leitfiguren der AfD beschwören einen „status quo ante", vergangene Zeiten also. Es ist deshalb zutreffender, die konservativen politischen Inhalte der AfD als *restaurativ* oder *reaktionär* einzuordnen (Greiffenhagen 1971, S. 28 ff.; von Beyme 2013, S. 15 f.).

2.2 Neoliberalismus: „Für ein Europa des Wettbewerbs"

Angesichts einer wahrgenommenen Übermacht konservativer Positionen in der AfD fragte sich im März 2014 der ehemalige Vorsitzende des AfD-Landesverbandes Nordrhein-Westfalen, Alexander Dilger, ob überhaupt noch Platz für Liberale in der AfD bleibe. Tatsächlich beschränken sich liberale Positionen in der AfD, jenseits von Selbstverständlichkeiten wie Gewaltenteilung und Presse- wie Meinungsfreiheit, auf *neoliberale Wirtschaftsstandpunkte*. Selbst die größte liberale Plattform der AfD „KOLIBRI"[5] setzt modernen Liberalismus als (negative) Freiheit von Zwang und betont, „liberal zu sein[, bedeute] heute oft auch konservativ zu sein".

Diese neoliberale Stoßrichtung ergibt sich zu einem guten Teil durch den Einfluss einer großen Zahl von Ökonomen, die die AfD seit ihrer Gründung unterstützen (s. Kap. 3). Frühere Untersuchungen des Autors ergaben, dass diese vor allem einen spezifischen Teil des Neoliberalismus, den deutschen Ordoliberalismus, vertreten (Vgl. Bebnowski und Förster 2014).

Wie oben gezeigt wurde, liegen diesem konservativen Gesellschaftsbilder zugrunde. Deutlich wird dies gerade an der sozialen Marktwirtschaft Ludwig Erhards, zu der sich auch die AfD bekennt.[6] Es ist ein Missverständnis, das Attribut „sozial" als Ausweis der Besonnenheit des Ordoliberalismus anzusehen. „Angesprochen ist mit ‚sozial' […] das Erfordernis des gesellschaftlichen Konsenses auf Grundlage konservativer Werte (oder ‚sittlicher Reserven', wie Röpke dies nennt), damit die Marktwirtschaft reibungslos funktioniert […]." (Schui et al. 1997, S. 81).[7]

---

[5] Konservative und Liberale in der AfD.

[6] http://www.alternativefuer.de/programm-hintergrund/fragen-und-antworten/zu-wirtschaftspolitik-und-ttip/

[7] Erhellend sind hierzu auch die Ausführungen vom Vorsitzenden der Hayek-Gesellschaft, Gerd Habermann. Er betont das Ideal einer „‚Ownership Society', die sich nach und nach durch Eigentums- und Vermögensbildung von den Sozialprothesen der Bismarck-Zeit verabschieden kann. […] Erhards […] Kanzlerschaft war zu kurz, um in einer ‚zweiten Phase der Sozialen Marktwirtschaft' auch im Sozialbereich Planwirtschaft und Bevormundung zu überwinden." (Habermann 2011, S. 186 f.).

Foucault betrachtet Wirtschaft und Politik im Ordoliberalismus als miteinander verflochten, stellt als sein politisches Kernanliegen jedoch heraus: „[E]s soll sich vielmehr um einen Staat unter der Aufsicht des Marktes handeln als um einen Markt unter der Aufsicht des Staats." (2004, S. 168). Ermöglicht werden soll eine Wettbewerbsmarktwirtschaft, „die von einem sozialen Interventionismus begleitet wird, der seinerseits eine institutionelle Erneuerung im Umfeld der Neubewertung der Einheit ‚Unternehmen' als eines grundlegenden Wirtschaftsakteurs impliziert." (Foucault 2004 zit. n. Hesse 2006).

Für die politische Praxis bedeutet dies, dass sich Politik und Wirtschaft in einem Arrangement begegnen, welches über einen gesetzlichen Ordnungsrahmen fixiert wird, der klare Grenzen zwischen beide Sphären zieht. Entscheidend ist, dass sich politische Lösungsszenarien stark auf marktwirtschaftliche Prinzipien stützen und diesen prinzipiell Vorrang vor politischen Steuerungsüberlegungen gewähren.

Es wäre jedoch falsch, das ordoliberale Leitbild mit dem utopischen Ideal eines „Minimalstaats" (Habermann 2011, S. 142) zu verwechseln. Der Staat muss politischen Einfluss auf das Marktgeschehen haben. Entscheidend ist dabei, dass die Ordnungsrahmen ultimativ bindende gesetzliche Handlungsgrenzen schaffen. Die Politik trägt also vor allem dafür Sorge, dass die Wettbewerbsprinzipien gewahrt bleiben. Hierfür braucht es sogar einen starken Staat, besteht doch die Gefahr, dass die vereinbarten Rahmenrichtlinien der „Wettbewerbsmarktwirtschaft" durch machtvolle Monopolisten – Banken, die Exportindustrie – oder Lobbys korrumpiert werden. „Banken sollten nicht länger auf Grund ihrer Größe ihre angebliche Systemrelevanz zur Erpressung von Regierungen und Steuerzahlern verwenden können" (Europawahlprogramm, S. 7).[8]

Wenn die AfD beklagt, dass Banken gerettet und deutsche Autobauer subventioniert werden, liegt hierin nur eine Scheinübereinstimmung mit kapitalismuskritischen Positionen. Die Kritik der AfD fußt gerade auf kapitalistischen Wettbewerbsprinzipien und ist wirtschaftsliberal motiviert. Der biographisch eher links zu verortende Wolfgang Streeck, der ebenfalls eine Auflösung der Währungsunion forderte, begreift diese als ein *Mittel*, um Marktkräfte *einzuschränken* und artikuliert die Hoffnung einer, „Entschleunigung der rasch voranschreitenden kapitalistischen Landnahme." (Streeck 2013a, S. 255). Für die AfD hingegen wäre die Auflösung der Währungsunion nicht nur ein *Resultat* des ökonomischen Wettbewerbs, sondern auch ein *Mittel zu dessen Intensivierung*.

Aus diesem Verständnis heraus wird auch das Hauptproblem der Eurozone ersichtlich: Es liegt für die AfD darin, dass die Politiker der Eurozone infolge der ungleichen Machtverhältnisse zwischen den einzelnen Wirtschaftszweigen zu

[8] In dieser kräftigen Monopolkritik weist die AfD erhebliche Schnittmengen mit der britischen neoliberal-rechtspopulistischen UKIP auf (Michelsen 2014, S. 26).

Rettungsmaßnahmen greifen, die mit dem Prinzip der Sphärentrennung und einer Gleichbehandlung der beteiligten Akteure brechen. Deshalb auch die Empörung, die von den Ökonomen in der AfD am Nichtbefolgen der „no-bail-out-clause" des Maastrichter Vertrages geübt wird (Henkel 2012; Starbatty 2013; Vaubel 2012, S. 84 f.). Ein Abrücken von vertraglich fixierten Prinzipien ist ein Verstoß gegen den wirtschaftspolitischen Ordnungsrahmen der Wettbewerbsmarktwirtschaft und wird entsprechend als massiver Rechtsbruch gebrandmarkt: „Wir treten ja nicht für unsere eigenen Interessen an, sondern für die Sicherung der Grundrechte." (Starbatty nach Schömann-Finck 9.9.2013). Aufgrund einer wirtschaftspolitischen Doktrin tritt die AfD für ein subsidiär verfasstes „Europa des Wettbewerbs ein" (Europaprogramm, S. 2).

2.3 Populisten – Chiffren für Mitte und „Rechtsaußen"

Wer über Rechtspopulismus berichtet, sieht sich mit dem Dilemma konfrontiert, dass es keineswegs eindeutig ist, was als rechtspopulistisch gilt und was nicht. Ohne den spezifischen gesellschaftlichen Kontext in die Erklärung einzubeziehen, kann man kaum Aussagen über Populismen treffen (Priester 2012a, S. 33). Ein Wesensmerkmal jedes Populismus ist dennoch, *erstens*, die Beschwörung eines Gegensatzes zwischen korrupter Elite und gemeinem Volk. Zwangsläufig entsteht hieraus eine „Anti-Establishment-Orientierung" (Decker 2011, S. 40, ähnlich: Holtmannet al. 2006, S. 45; Priester 2012b, S. 4 ff.; Micus 2014).

Dieses Merkmal ist bei der AfD nicht nur durch den Verweis auf die „Altparteien"[9] sehr augenfällig. Jene Beschwörung einer Polarität zwischen Volk und Elite transportiert die Vorstellung eines Volks als schweigende Mehrheit in Form einer uniformen tugendhaften Masse (Mudde 2004, S. 545). Auffällig an dieser Vorstellung eines *heartland* (Taggart) ist vor allem im rechten Populismus, dass die Demokratie bejaht, abseits rhetorischer Beschwörungen jedoch kein gesteigerter Wert auf Partizipation, sondern auf Führung gelegt wird. „What the populist supporter wants is the problems of the ‚common man' to be solved, according to their own values ([…] ‚common sense'), and they accept that this will have to be done by a remarkable leader" (Ebd., S. 560). Die populistische Vernunft des „common man" funktioniert dabei weniger forschend denn umstürzend – sie geht den Dingen nicht auf den Grund, sondern möchte die Situation verändern: „I don't know what's going on, I just know I've had enough of it!" (Žižek 2008, S. 282).

[9] Dies übrigens eine zuerst vom österreichischen Rechtspopulisten Jörg Haider benutzte Vokabel.

Kaum ein rhetorisches Muster ist in der AfD deutlicher zu beobachten als dieses. Man sollte sich hier an das eingangs aufgeführte Motto der AfD – Mut zur Wahrheit – erinnern. Es adelt in Verbindung mit dem sprichwörtlichen „gesunden Menschenverstand", von dem in der Partei allerorts die Rede ist, die Meinung des kleinen Mannes – eben jenen „common sense" – zum entscheidenden Gradmesser kluger Politik. *Es geht nicht darum, die Gründe für die politische Lage aufzuspüren, sondern die Lage im Sinne der persönlichen Wahrheit umzugestalten*. Gerade deswegen setzen Rechtspopulisten, auch die AfD, so häufig auf Volksentscheide. So ließe sich der „common sense" ungebremst in die Politik überführen und die herrschende Elite zugunsten des „common man" entmachten (Mudde 2004, S. 559).

Bernd Lucke ist für die umstürzlerischen Wünsche eine geeignete Führungsfigur und Projektionsfläche. Gerade in einer krisenhaften Ökonomie ist er – wie die gesamte Partei – eine naheliegende Wahl. Wem anders als einem Ökonomen, ja, einer ganzen Partei voller Ökonomen, sollte man in anhaltenden währungspolitischen Turbulenzen vertrauen? Interessanterweise lässt sich gerade über das Arkanwissen der Ökonomie auch die Polarität Volk versus Elite unterstreichen. Das Bild: Eine homogene politische Klasse, die keine Ahnung von der Ökonomie hat, wie die AfD-Spitzen maliziös betonen, steht einem Volk gegenüber, dass unter dieser Ahnungslosigkeit leidet, weshalb die AfD mit ihrer Expertise zwingend als Retter gebraucht wird. Eine derartige Argumentationsstrategie kann man als „antipolitisch" beschreiben. Besonders glaubwürdig ist sie, wenn sie von politischen Outsidern – es sind Ökonomen nicht (Berufs)Politiker – vorgebracht wird (Schedler 1996, S. 293 ff., Diehl 2011).

Durch das Insistieren auf der ökonomischen Rationalität entsteht dabei eine Art populistisches Perpetuum Mobile: Die ökonomischen Lösungsmuster werden schlicht als unideologische *Wahrheiten* des „common sense" gesetzt. So reproduziert sich eine Frontstellung zu den verantwortlichen Politikern, die der ökonomischen Stringenz nicht vollständig folgen dürfen (Bebnowski 2013a, S. 156 ff.). Als antipolitischer, ökonomisch argumentierender Outsider immunisiert sich die AfD hierdurch mit einer nur schwer zu umgehenden Falle: Jeder Angriff, der ihre vermeintlichen Wahrheiten infrage stellt, ruft wie in einer Verschwörungstheorie das Gespenst eines Kartells politischer Gegner hervor, das sich gegen die Partei verbündet. Kritik wird so als Teil des großen Meinungskartells uniformer „linker" Eliten in Medien und Politik, als „Tugendterror" (Sarrazin), entsorgt. In dieser Opferrolle festigt die AfD ihren Nimbus als gallisches Dorf, das den Angriffen der politischen Übermacht trotzt (Vgl. Bebnowski 2013b).

Der *zweite* wichtige Aspekt des Populismus ist schließlich, dass Populisten nach dem Muster „einer ‚umgekehrten Psychoanalyse' [verfahren]. Populisten lösen Probleme also nicht, sie verschärfen sie nur, sie kurieren Ressentiments nicht, indem sie diese thematisieren, sondern beuten sie aus, radikalisieren sie." (Micus 2014, S. 14). *Rechts* wird dieser Populismus, wenn die eigene Position identitätspolitisch durch eine „kulturelle Abwertung der ‚Anderen'" (Priester 2012b, S. 6) unterstrichen wird. Es ist eines der Hauptwesensmerkmale des Rechtspopulismus, dass dieser stets damit argumentiert, dass störende Elemente, Eindringlinge, kurz, das Andere, eine grundsätzlich funktionierende Ordnung korrumpieren würden. „[P]opulism remains a version of the politics of fear: it mobilizes the crowd by invoking the fear of the corrupt intruder." (Žižek 2008, S. 304).

Interessant ist im Fall der AfD jedoch, dass sie hierbei in weiten Teilen auch ohne die in der Einleitung angesprochenen Ausfälligkeiten auskommt. Der Populismus der AfD funktioniert häufig subtiler. Gezeigt werden kann dies beispielhaft an der oben angedeuteten leistungsgesellschaftlichen Logik ökonomischer Konkurrenz und den Leitbildern des Neoliberalismus. Bereits durch ein Bemühen der Wettbewerbslogik lassen sich Ängste schüren und sind Abwertungen des Anderen zu erreichen. Dieser Populismus kann als *Wettbewerbspopulismus* bezeichnet werden (Bebnowski und Förster 2014). Diese Färbung mag angesichts der deutlicher werdenden reaktionären politischen Inhalte nicht mehr ausreichen, um die Partei zu vermessen. Dennoch zeigt sie, wie sich ein Ressentiment bedienen lässt, ohne den offenen Tabubruch zu begehen.

Deutlich wird dies bereits in der Vision einer Trennung der Eurozone, die der wirtschaftlichen Stärke der jeweiligen Regionen entspricht. „Die Einheitswährung hat dazu geführt, dass der Euro für den Süden Europas sowie für Frankreich *überbewertet* ist. […] Für Deutschland ist der Euro dagegen *unterbewertet.* […] Die AfD fordert eine Auflösung, zumindest aber eine vollständige währungspolitische Neuordnung des Euro-Währungsgebietes. Als erster Schritt muss dazu jedem Land das Recht eingeräumt werden, die Eurozone zu verlassen, ohne aus der EU auszuscheiden. Davon sollten die Länder Gebrauch machen, die die Bedingungen der Währungsunion nicht erfüllen können oder wollen." (Europaprogramm, S. 4 f.).

In dieser Passage wird über die ökonomische Leistungsfähigkeit unterschiedlicher Volkswirtschaften eine Hierarchisierung vorgenommen. Deutschland fungiert als Vorbild, nach dem sich andere Staaten – die derzeit nicht können oder, schlimmer, nicht *wollen* – ausrichten müssen. Mit diesem Mechanismus werden kulturelle Überlegenheitsgefühle mit ökonomischen Ergebnissen gepaart, lässt sich eine deutsche Überlegenheit konstruieren. Man muss an dieser Stelle an das oben ausgeführte ethnizistische Volksverständnis erinnern, ein solches liegt auch den ökonomischen Argumentationen der AfD zugrunde. Der entscheidende Punkt ist, dass ökonomische Ungleichheiten auf essentialistische kulturelle Eigenarten der Staaten und deren Bevölkerung, gewissermaßen den „Volkscharakter", verweisen.

Ähnliches findet sich etwa auch in Äußerungen der ökonomischen Unterstützer der Partei. „[D]as einzige, postosmanische Land, das erfolgreich ist, [ist] die Türkei […], weil sie preußisch reformiert worden ist“ (N. N. zitiert nach: Bebnowski und Förster 2014, S. 17). Vergleichbare Schlüsse zieht auch Hans-Olaf Henkel in seinen Büchern. Er beschreibt eine als schmerzhaft empfundene wirtschaftliche Unterlegenheit Frankreichs gegenüber Deutschland. Die Franzosen wollen sich ihrer mit den aus seiner Sicht unlauteren Mitteln des Euro oder einer zentralen Wirtschaftsregierung entledigen (Henkel 2012, S. 188 f.). Sein Vorschlag der Trennung der Eurozone in einen „harten“ Nordeuro und einen „weichen“ Südeuro spiegele hingegen „die Mentalitätsunterschiede der betroffenen Länder wieder“ (Henkel 2012, S. 26). Ähnliche kulturalisierende Sterotype bedienen Joachim Starbatty mit einem Made-in-Germany-Patriotismus (2013, S. 242) oder der die AfD unterstützende Ökonom Charles Blankart, der „Investitionsstaaten“ von „‚Konsumstaaten‘, die dem Verbrauch frönen und auf Pump leben“ (2012, S. 291), trennt. Die psychologischen Affekte, die aus der Logik wirtschaftlicher Ungleichgewichte in einer Währungsunion entstehen (Mundell 1961), werden von der AfD durch die kühle ökonomische Rationalität ins Ressentiment gesteigert: „Die finanziellen Folgen im Süden der Eurozone müssen nun deutsche Steuerzahler tragen“ (AfD Europaprogramm, S. 4).

Darüber hinaus können sich mit den Leitbildern des ordoliberalen Neoliberalismus auch die sprichwörtlichen kleinen Leute „abgeholt“ werden. Schließlich gilt in seiner Vorstellungswelt, dass ein funktionierender Wettbewerb möglich wäre – würde der Staat nur die richtigen Rahmenrichtlinien durchsetzen. Zwangsläufig sind die Idealfiguren eben nicht die „Tycoons“, Manager und Spekulanten, sondern „rechenhafte, berechnende, rechtschaffene und strebsame Kleinbürger.“ (Schui et al. 1997, S. 15). Die AfD erhebt in ihrem harten marktwirtschaftlichen Programmes keinen Vertretungsanspruch der Großindustrie oder anderer wirtschaftlicher Monopolisten. Sie bedient andere Kapitalfraktionen, spricht auch hier eher den „kleinen Mann“, den zum Stereotyp gewordenen wirtschaftlichen Mittelstand und die kleinen Betriebe an.

Die AfD ist eine populistische Partei. Fraglos ist dieser Populismus offen nach rechts. Dennoch balanciert die Partei auf der Grenze zum Tabubruch. Dies gelingt, weil ihr Populismus über Chiffren funktioniert. *Hierin* liegt sein Spezifikum.

Es existieren gewissermaßen zwei Lesarten für dieselbe Äußerung. Wenn die AfD auf die genannten konservativen und neoliberalen Bruchstücke zurückgreift, verursachen diese für sich betrachtet nur wenig Aufregung. So lässt sich an den Schlagworten Familie, Subsidiarität und Souveränität zunächst nur wenig Anstoß nehmen. Diese offizielle Seite stellen die AfD-Vertreter heraus. Bemüht man eine kontextuelle Lesart, wird jedoch deutlich, dass ein Schlagwort wie Familie in Verbindung mit der Nennung der Nation einen ganzen Strauß an völkischen Assoziationen nach sich ziehen kann. Deutlich wird dies auch am Beispiel des Volksentscheids – so warb die AfD kurz nach dem Schweizer Referendum zur Begrenzung der Zuwanderung – mit dem Slogan „Die Schweiz ist für Volksentscheide – wir auch."

Die AfD benutzt die einzelnen ideologischen Bruchstücke also einerseits, um Traditionsthemen der bürgerlichen Mitte zu artikulieren. Andererseits setzt die Partei sie dazu ein, um Zutritt zum brach liegenden Potential am rechten Rand der bürgerlichen Mitte zu erlangen. Diese Signale werden dort verstanden.

Repräsentanz: Entstehungsgeschichte und Flügel der AfD

3

Die Strömungen und Flügel, die die AfD vereint, existierten natürlich bereits vor der AfD. Im Jahr 2013, vor Gründung der Partei, konnte das eurokritische Protestspektrum, aus dem die AfD gegründet wurde, als Netzwerk dargestellt werden. Neben einigen politischen Parteien wie der CDU, der FDP oder den Freien Wählern fallen in ihm auch unterschiedliche Think Tanks und Lobbyisten wie die Hayek-Gesellschaft und die Initiative Neue Soziale Marktwirtschaft (INSM) auf.

Grundlage der Abb. 3.1 ist das Bündnis Bürgerwille (BB), neben der Wahlalternative 2013 (WA2013) verkörpert es die wichtigste Sammlungsbewegung im Vorfeld der AfD (Vgl. insgesamt: Bebnowski und Kumkar 2013). An beiden Initiativen waren die heutigen AfD-Spitzenpolitiker Bernd Lucke, Hans-Olaf Henkel, Joachim Starbatty sowie ein Großteil der heutigen ökonomischen Unterstützer der AfD beteiligt. Über zwei Jahre später soll auf Grundlage der AfD-Europaparlamentarier nun ein innerparteiliches Netzwerk dargestellt werden. Dafür werden in diesem Kapitel repräsentationslogisch inner- und außerparteiliche Strömungen sowie die programmatischen Leitlinien und die Parteientwicklung der AfD nachgezeichnet.

3.1 Bernd Lucke: Repräsentant der Ökonomenpartei

Der Hamburger Volkswirtschaftsprofessor Bernd Lucke ist das Gesicht der AfD. In ihm vereinen sich die programmatischen Hauptströmungen der Partei geradezu exemplarisch. Als langjähriges ehemaliges CDU-Mitglied ist er einer der enttäuschten Konservativen, die sich in der AfD versammeln, in den 1990er Jahren diente er

D. Bebnowski, *Die Alternative für Deutschland*, essentials,
DOI 10.1007/978-3-658-08286-4_3

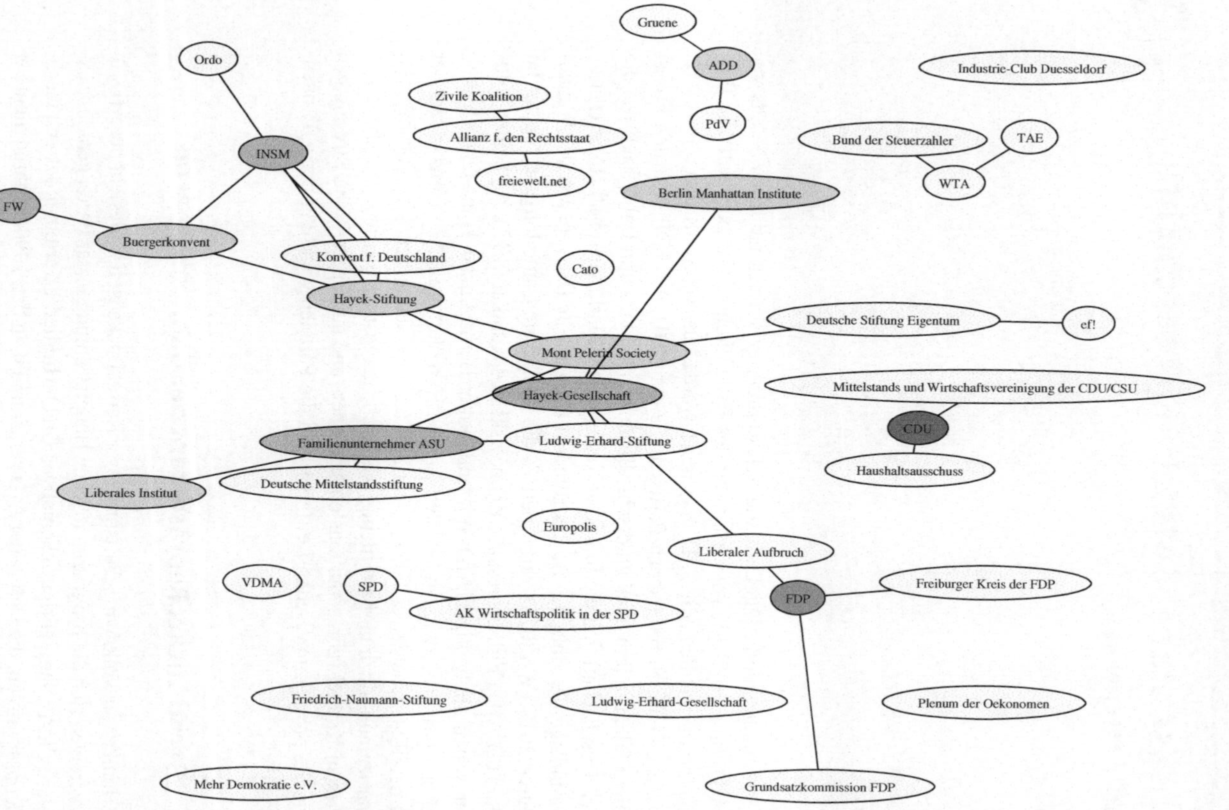

Abb. 3.1 Verknüpfungen des eurokritischen Protestspektrums im Jahr 2012. Grundlage sind die Mitgliedschaften der Erstunterstützer des „Bündnis Bürgerwille“. Je dunkler hinterlegt eine Organisation ist, desto mehr Mitglieder aus ihr befinden sich im „Bündnis Bürgerwille“. (Quelle: Bebnowski und Kumkar 2013, S. 224 f)

dem Berliner CDU-Finanzsenator Elmar Pieroth als Referent und Redenschreiber. Wegen Willi Brandts Entspannungspolitik in die Junge Union eingetreten (Ankenbrand 2014), verließ Lucke die CDU erst im Gefolge der Staatsschuldenkrise im Euroraum. Der Grund lag für ihn darin, dass die CDU keine Grundsätze mehr erkennen lasse: „Nicht ich habe die CDU, die CDU hat mich verlassen" (Michels 29.7.2014).

Luckes Konservatismus wurzelt in seiner Religiosität. Als Mitglied einer evangelikalen Gemeinde führt Lucke ein Leben entlang konservativ-christlicher Grundsätze und vertritt diese auch in der AfD (Ankenbrand 2014). Dieser protestantische Konservatismus Luckes stützt nach Max Weber bekanntlich wirtschaftsliberale Positionen. Erstmalig politisch in Erscheinung trat Lucke im Jahr 2005 dann auch tatsächlich, indem er für wirtschaftsliberale Vorstellungen warb.

Mit zwei Fakultätskollegen richtete sich der Volkswirtschaftsprofessor im Bundestagswahlkampf mit dem Hamburger Appell an die Öffentlichkeit (Lucke et al. 2005). Sein Ziel lag darin, „eine Transformation hin zu einer Marktgesellschaft" (Thieme 2013, S. 62) durch weitere Liberalisierungsbemühungen anzustoßen und wurde durch die Wucht von 243 unterzeichnenden Wirtschaftswissenschaftlern unterstrichen. Arbeitskosten und Steuerlasten sollen trotz der Hartz-Reformen gesenkt werden, da sie unternehmerische Gewinne minderten. Zudem seien zur Konsolidierung der Staatsfinanzen Beschneidungen der sozialen Sicherungssysteme nötig (Lucke et al. 2005).

Der Appell selbst reiht sich in eine Folge wirtschaftspolitischer Manifeste ein, mit denen Ökonomieprofessoren, auf die Politik Einfluss zu nehmen versuchten. Der Beginn dieser Manifestantentätigkeit liegt in der Verabschiedung des Maastrichter Vertrages, der auch die Einführung des Euro vorsah, im Jahr 1992. Seitdem richteten sich einige der Ökonomen, die heute die AfD unterstützen, etwa die Mitglieder ihres wissenschaftlichen Beirats, Roland Vaubel und Helga Luckenbach, in Ökonomenaufrufen gegen die Einführung des Euro. Einen Politisierungsschub verlieh der Zunft aber vor allem die schwelende Staatsschuldenkrise im Euroraum. In heftigen Feuilletonkontroversen debattierte man im Jahr 2012 die Maßnahmen zur Eurorettung. Die AfD konnte fraglos von der Politisierung profitieren – neben Bernd Lucke fanden sich noch 17 weitere Wirtschaftsprofessoren unter ihren Erstunterstützern, ist der wissenschaftliche Beirat der AfD ausschließlich mit Ökonomen besetzt und sind neben Lucke mit Hans-Olaf Henkel und Joachim Starbatty drei ihrer sieben Europaabgeordneten Wirtschaftsprofessoren. Die Parteigründung zeugt also nicht zuletzt davon, dass der über Manifeste ausgedrückte „Gestaltungsdrang ungehörter Experten" (Klatt und Lorenz 2011, S. 412) nicht mehr von den politischen Parteien kanalisiert werden konnte.

Die Wirtschaftwissenschaftler jedenfalls waren während der Parteigründung eminent wichtig. Schließlich gelang es, mit ihnen den schnell zu erkennenden rechten Populismus in der Partei zugunsten des Anstrichs der Professorenpartei einzuhegen. Bei der Sammlung der Ökonomen kommt gerade Lucke seit 2010 als Kopf des Plenums der Ökonomen, einer Diskussionsplattform deutscher Ökonomen, eine wesentliche Rolle zu. Für viele ökonomische Erstunterstützer der AfD bahnte das Plenum den Weg zur Unterstützung der AfD.[1] Mit dieser Hausmacht im Rücken trat Lucke in weiteren politischen Vorläuferbewegungen der AfD in Erscheinung. Anfang 2012 wurde das eingangs dieses Kapitels erwähnte BB infolge einer Online-Petition gegen den Europäischen Stabilitätsmechanismus gegründet. Ein wirtschaftswissenschaftlicher Gesprächspartner wertete es als „Versuch, einen Kern für eine neue Partei zu bilden" (Bebnowski und Kumkar 2013, S. 222). Lucke fungierte in diesem Parteivorläufer ebenso als Sprecher wie in der 2013 zur Unterstützung der Freien Wähler bei der Landtagswahl in Niedersachsen gegründeten WA2013. Zu den Gründern gehörten neben Lucke mit Konrad Adam und Alexander Gauland, zwei weitere heutige AfD-Vorstände aus dem nationalkonservativen Flügel der Partei.

3.2 Joachim Starbatty: Rechtspopulistische Vorläufer

Der emeritierte Tübinger Volkswirtschaftsprofessor Joachim Starbatty gehört wie Lucke und Hans-Olaf Henkel zu den Wirtschaftsfachleuten der AfD. In der Vergangenheit trat er vor allem als Kläger gegen finanzpolitische Beschlüsse vor dem Bundesverfassungsgericht in Erscheinung. Gegen die Einführung des Euro klagte er dort 1997 (Jungbluth 13.10.1997), im Jahr 2010 gegen das erste Hilfspaket der Bundesrepublik an Griechenland und 2011 schließlich auch gegen den Europäischen Stabilitätsmechanismus (ESM) (Raith 2011).

Starbatty reichte seine Klagen 1997 und 2010 gemeinsam mit dem Ökonom Wilhelm Hankel, dem Juristen Karl-Albrecht Schachtschneider, dem ehemaligen Hamburger Finanzsenator Wilhelm Nölling und dem früheren Thyssenvorstand, Dieter Spethmann, ein. Bis auf Nölling unterstützen alle Kläger auch die AfD. Starbatty und seine Mitkläger weisen Berührungspunkte mit dem politischen Rechtsaußen auf. Gemeinsam publizierten sie im rechtsoffenen und verschwörungstheoretischen KOPP-Verlag (Hankel et al. 2011). Starbatty war sowohl Interviewpartner der Jungen Freiheit als auch im compact-magazin Jürgen Elsäs-

[1] Diese Aussagen fielen im Rahmen früherer Erhebungen, wurden im damaligen Abschlussbericht aus Gründen des Umfangs jedoch nicht mehr publiziert (Bebnowski und Förster 2014).

sers (28.5.2013). Auf den von Elsässer veranstalteten Konferenzen waren Hankel und Schachtschneider Podiumsdiskutanten – letzteren schlug das Plenum auf der „Euro-Konferenz" 2012 gar als Bundespräsidentschaftskandidat vor (Elsässer 18.2.2012b). Über die „Eurokläger", kann die AfD sich also auch Zugang zu einem diffusen Spektrum verschaffen, das von Nationalbolschewisten bis zu Anarcho-Kapitalisten reicht.

Wichtiger als diese Kontinuitäten ist jedoch eine weitere Verbindungen zwischen Starbatty, Hankel und Schachtschneider, die noch vor das Jahr 1997 zurückreicht. Bereits 1992 waren diese drei „Eurokläger" Mitglieder des Bunds freier Bürger (BfB), einer rechtspopulistischen Partei, die sich stark an der österreichischen FPÖ orientierte (Schui et al. 1997, S. 174). Neben den „Euroklägern" saß mit Franz-Ulrich Willeke ein weiterer ökonomischer Erstunterstützer der AfD im Präsidium des BfB (Berking 9.5.1997), Roland Vaubel bekundete ebenso seine Sympathien für den „Bund" (Focus 18.10.1993) wie der CSU-Politiker Peter Gauweiler (Schui et al. 1997, S. 195), mit dem Starbatty gegen den ESM klagte (Jahn 2.7.2012).

Betrachtet man die Programmatik von BfB und AfD, dürfte der streitbare ordoliberale Ökonom Starbatty beiden seinen Stempel aufgedrückt haben. Im BfB galt er als „wirtschaftspolitischer Kopf" (Schui et al. 1997, S. 184 f.), bekleidete die Posten des wirtschaftspolitischen Sprechers und stellvertretenden Vorsitzenden (Grewe 1994, S. 82). In der AfD ist er einer von vier wissenschaftlichen Beiräten. Und in der Tat ähneln sich die Programmbausteine beider Parteien insbesondere in den wirtschaftspolitischen Zielen. Ab dem Jahr 1995 verschrieb sich der Bund freier Bürger dem Kampf gegen den Euro und kritisierte, „daß die Wechselkurse in der europäischen Währungsunion nicht mehr durch ‚den Wettbewerb zwischen den nationalen Zentralbanken', sondern im politischen Kompromiß innerhalb der europäischen Zentralbank festgelegt werden sollen" (Schui et al. 1997, S. 184). Dies klingt deutlich nach dem Ruf der nach einer EU, „die auf Subsidiarität statt auf Zentralismus und auf Wettbewerb statt Gleichmacherei und Harmonisierung setzt". Ähnlich äußerte sich Starbatty bereits 1994. Der Vertrag von Maastricht „habe [...] das Integrationsmuster umgedreht: Jetzt gelte nicht mehr ‚Harmonisierung durch Wettbewerb', sondern ‚Wettbewerb durch Harmonisierung'" (Ebd.).

Über Joachim Starbatty und die anderen Eurokläger lässt sich die Kontinuität zwischen dem BfB und der AfD besonders deutlich nachvollziehen. Es muss sogar festgehalten werden, dass der BfB den Wettbewerbspopulismus der AfD vorweg nahm: Denn das Konzept eines „Europas freier Völker", das der BfB vertrat, stützte sich auf eine „hierarchische Ordnung der Völker, die nicht mehr durch die Behauptung einer rassischen Überlegenheit einzelner Völker, sondern mit der ökonomischen Überlegenheit einzelner Volkswirtschaften" (Ebd., S. 183) begründet wurde.

3.3 Hans-Olaf Henkel: Mittler zwischen den Extremen der Mitte

Immer wieder liest man, dass populistische Formationen für ihren Erfolg eines Charismatikers bedürfen (kritisch: Priester 2012a, S. 88). Insbesondere in Deutschland wurde das Ausbleiben rechtspopulistischer Agitation auf das Fehlen eines solchen Anführers zurückgeführt (vgl. kritisch: Misik 26.3.2013). In der Reihe infrage kommender Personen tauchte dabei neben Thilo Sarrazin, Friedrich Merz oder Peter Sloterdijk immer auch der Name Hans-Olaf Henkels auf. Tatsächlich gelangte Henkel, kaum Parteimitglied, 2014 als zweiter Listenkandidat bei der Europawahl schnell in eine führende Position.

Welches Kalkül sich für die AfD mit Henkel verbindet, ist eindeutig. Er lässt sich aufgrund seiner Vita als „erfahrene Unternehmerpersönlichkeit mit politischer Erfahrung“ gegen vermeintliche europapolitische „Apparatschiks“ in Stellung bringen (Lucke 2014). Henkel vereint als ehemaliger Präsident des Bundes deutscher Industrieller, CEO von IBM, Wirtschaftsprofessor mit zwei gut verkauften eurokritischen Publikationen (Henkel 2012, 2013) und wirtschaftspolitischer Praktiker genau jene Attribute, mit denen die Partei sich zu profilieren versucht.

Die AfD ist für Henkel jedoch genauso wichtig wie umgekehrt. In den zurückliegenden Jahren betrieb der Wirtschaftsfunktionär einen erstaunlichen Aufwand, um eine Formation wie die AfD ins Leben zu rufen. Im Herbst 2011 unterstützte Henkel den „Liberalen Aufbruch“ in der FDP bei dessen Versuch, die Unterstützung der schwarz-gelben Bundesregierung für den ESM zu stoppen (Büscher 6.11.2011). Nach dem Scheitern des Mitgliederentscheids trat Henkel als eurokritisches Zugpferd den Freien Wählern bei, die sich Hoffnungen auf einen Bundestageinzug 2013 machten. Parallel hierzu schloss er sich im Frühjahr 2012 auch dem BB an und war als Mitglied der Freien Wähler Unterstützer der WA2013. Schon vor dem Einzug der AfD ins europäische Parlament knüpfte er Kontakte zur „Allianz der Konservativen und Reformisten“ (AECR), der Fraktion, der die AfD heute im EU-Parlament angehört. In der Fraktionsstiftung „New Direction Foundation“ stellte er 2011 und 2013 sein Konzept zur Aufspaltung der Eurozone vor (Plehwe und Schlögl 2014, S. 10).

Über Henkels Netzwerke lässt sich das subkutane wirtschaftliche Kräftefeld vermessen, von dem die AfD zehrt. Henkel sitzt nicht nur in unterschiedlichen Aufsichtsräten, sondern unterstützt auch verschiedene wirtschaftsliberale Pressure Groups. So fungierte der Hamburger unter anderem als Botschafter der Initiative Neue Soziale Marktwirtschaft (INSM), der auch Joachim Starbatty angehört (Plehwe und Schlögl 2014, S. 23). Neben dieser Stiftung ist Henkel jedoch auch Teil der neoliberalen Friedrich-August-von-Hayek-Gesellschaft. Die Wirkung dieses

Think Tanks auf die politische Landschaft ist durch personale Querverbindungen nicht zu unterschätzen (Vgl. Bebnowski und Kumkar 2013, S. 223).

Neben Henkel gehört unter anderem auch der FDP-Wirtschaftsliberale Frank Schäffler zu ihren Unterstützern, bestehen weitere Überschneidungen mit Mitgliedern der INSM. Zudem ist die Stiftung über ihre Mitglieder auch mit der enorm einflussreichen Mont Pélerin Society verknüpft, die die wirtschaftlichen Liberalisierungsprogramme in so unterschiedlichen Ländern wie Chile, den USA und Großbritannien ab den 1970er Jahren beeinflusste (Harvey 2008, Walpen 2004). Ihr gehören mit Roland Vaubel und Charles Blankart weitere Parteiunterstützer an (Plehwe und Schlögl 2014, S. 23).

Neben dem Liberalen Aufbruch in der FDP ist die Hayek-Gesellschaft auch mit den libertären Eurokritikern der Partei der Vernunft vernetzt. Darüber hinaus unterstützt sie die rechtslibertäre *eigentümlich frei!* (ef!), in der Henkel mit einigen politischen Aufsätzen und als Autor einer Jazzkolumne in Erscheinung trat. Die ef! artikuliert eine klare Frontstellung gegenüber sozialstaatlichen Leistungen und inszeniert sich als Sprachrohr einer sozialchauvinistischen „rohen Bürgerlichkeit", die den Rückzug „aus der Solidargemeinschaft" probt (Heitmeyer 2012, S. 35). Diese Rhetorik eines Klassenkampfes von oben verwundert schon durch den Bezug auf Hayek, dessen Überlegungen sich als Rechtfertigung sozialer Ungleichheiten heranziehen lassen, nicht (Nullmeier 2010, S. 10; Schui et al. 1997, S. 57).

Aber bereits weit vor Ausbruch der Finanzkrise liebäugelte Henkel damit, einer neuen Partei zumindest Starthilfe zu geben. Dies zeigt seine Unterstützung des „BürgerKonvent" (BK), einer 2003 gegründeten Organisationen im Spannungsfeld von konservativen Wertvorstellungen und neoliberalem Wirtschaften, bei der angenommen werden durfte, „dass sich das frustrierte Bürgertum eine neue politische Heimat schafft." (Speth 2003, S. 14). In ihrem Vorstand sitzt die wohl wichtigste Politikerin der AfD: Beatrix von Storch.

3.4 Beatrix von Storch: Restaurative Netzwerkerin

Weitgehend unbemerkt mischt Beatrix von Storch seit gut 15 Jahren als Netzwerkerin in der Politik mit. Die Versuche politischer Einflussnahme durch die geborene Herzogin von Oldenburg können bis in das Jahr 1997 zurückverfolgt werden. Über den „Göttinger Kreis" trat sie dafür ein, die von der Bundesregierung juristisch anerkannte Enteignung ostelbischer Großgrundbesitzer zwischen 1945 und 1949 rückgängig zu machen. Die Großgrundbesitzer in Ostelbien verkörperten bekanntlich die „ursprüngliche sozioökonomische Basis[, das] Existenzmilieu" (Grebing 1971, S. 37) des deutschen Konservatismus und halfen auch, den faschistischen Staat zu stabilisieren (Ebd., S. 36). Tatsächlich findet sich eine derartige Verbindung auch in der unmittelbaren Verwandschaft von Storchs: Ihr Großvater, „Lutz" Schwerin von Krosigk, war bis 1945 Reichsfinanzminister der Nationalsozialisten. Der Hinweis von Storchs, sie habe sich nicht mit ihrem Großvater auseinandergesetzt, wirkt vor dem Hintergrund ihrer restaurativen Forderungen dürftig (Hank 4.5.2014).

Es sind jedoch nicht nur gebietspolitische Fragen, in denen von Storch restaurative politische Positionen vertritt – die Berliner Anwältin ist eine treibende Kraft für die radikalen christilich-konservativen Belange der Partei. Homosexuelle Partnerschaften werden von ihr ebenso abgelehnt wie die Gleichstellung der Geschlechter, schon die akademischen Gender Studies drohten die „Natur des Menschen abzuschaffen." (von Storch, zitiert nach Schlak 2.4.2014). Auch bei von Storch kulminieren diese Positionen in einer unspektakulären Chiffre: Stärkung der Familienrechte. Es ist kein Zufall dass all dies an die „Demo für alle" (s. o.) erinnert. Die Homepage der Initiative Familienschutz, die die Demonstrationen verantwortet, gibt sich als „Teil einer organisierten bürgerlichen Basisbewegung, der Zivilen Koalition e. V." (www.familien-schutz.de) zu erkennen. Die Postadressen beider Plattformen sind gar identisch. Diese Zivile Koalition (ZK), die laut von Storch von 60.000 Menschen unterstützt wird, ist das strategische Zentrum der AfD-Politikerin.

Der Soziologe Andreas Kemper rückt die 2004 gegründete ZK in eine Reihe mit dem angesprochenen BK – Dreiviertel seines Vorstands werden von Personen aus der ZK gestellt (Kemper 2013, S. 25). Tatsächlich ähneln sich auch die Strategien beider Initiativen. Bereits der BK setzte auf eine „professionell organisierte Kampagnenpolitik" (Speth 2003, S. 21), diese setzte die ZK ab dem Jahr 2010, nun auf die europäische Staatsschuldenkrise ausgerichtet, fort, indem sie zu Demonstrationen gegen den ESM oder gegen Hilfszahlungen an Griechenland aufrief (Kemper 2013, S. 27 f.).

Organisiert werden solche Kampagnen über ein weites Netzwerk politischer Plattformen wie der Initiative Familienschutz. Alle weisen sie Verbindungen zur ZK oder zur Homepage freiewelt.net auf, die presserechtlich von Sven von Storch, dem Ehemann der Europaparlamentarierin, verantwortet wird. Kemper zählt sieben Initiativen zum Konglomerat des Freie-Welt-Netzwerks, es soll 14 Mitarbeiter auf Spendenbasis beschäftigen (2013, S. 27). Dieses Netzwerk promotet auch die Demonstrationen der Bewegung der Lebensschützer, zu deren bekanntesten Teilnehmerinnen von Storch gehört (Kemper 2014, S. 36 f.).

Beatrix von Storch kann so als Repräsentantin von bis ins Reaktionäre reichenden Standpunkten des deutschen Konservatismus zwischen „klassischen" Familienmodellen, militantem Antikommunismus und nationaltümelndem Patriotismus angesehen werden. Gerade diese haben unter Angela Merkel in den Unionsparteien deutlich an Boden verloren. Und so darf es auch nicht verwundern, dass die AfD Unterstützung aus dem konservativen Spektrum der CDU erhält. Dies zeigt die Befürwortung möglicher Koalitionen von AfD und CDU durch Erika Steinbach, Klau-Peter Willsch oder Vera Lengsfeld – die auch eine Kollegin Beatrix von Storchs im Vorstand des BKs ist (SPON 1.6.2014; Neuerer 24.5.2014).

Vielleicht erklärt von Storch die AfD aufgrund dieses Zuflusses an „frei gewordenen" Unterstützern zu einer Graswurzelbewegung nach Vorbild der US-amerikanischen Tea Party (Hunger et al. 23.8.2014). Dieser Eindruck ist Ergebnis der bewussten Aufsplitterung der mit der ZK verbundenen Initiativen und deren Kampagnenorientierung. Erst bei genauem Hinschauen erweisen sie sich als Bestandteil einer zusammenhängenden politischen Formation eines Zirkels politisch erfahrener und bestens vernetzter konservativer und neoliberaler Politiker. Es ist somit auch das Verdienst der reaktionären Netzwerkerin Beatrix von Storch, dass die AfD wie spontan entstanden wirkt.

3.5 Marcus Pretzell: Zwischen liberaler und rechtspopulistischer Basis

Anders als über die ersten vier Europaabgeordneten der AfD ist über den 41-jährigen Juristen Marcus Pretzell wenig bekannt. Der Ostwestfale, dessen Kontakte zur AfD sich bis zur WA2013 nachverfolgen lassen, ist seit Juni dieses Jahres zusätzlich zu seiner Abgeordnetentätigkeit Landesvorsitzender der nordrhein-westfälischen AfD. Bis vor kurzem war er Beisitzer im Bundesvorstand der AfD. Seinem Rücktritt scheint, entgegen anders lautender Beteuerungen, ein Machtkampf mit Bernd Lucke vorangegangen zu sein (Lachmann 15.10.2014). Erst im Zusammenhang mit seinem Rücktritt änderte sich das medial transportierte Bild Pretzells vom Liberalen zum Vertreter rechtspopulistischer Strömungen an der Parteibasis.

Dabei war die Unterstützung des Juristen durch den rechtspopulistischen Teil der Parteibasis auf Parteitagen schon zuvor auffällig. Auf dem turbulenten Europaparteitag schlug ihn etwa der Hamburger AfD-Politiker Jens Eckleben – vor Gründung der AfD war er Landesvorsitzender der rechtspopulistischen Die Freiheit (Speit 11.7.2011) – für die Sitzungsleitung des Parteitages vor. Tatsächlich spielt auch Pretzell in einer Pressemeldung zu antisemitischen Ausschreitungen auf Demonstrationen gegen den Gazakrieg im Sommer dieses Jahres mit dem aus der Freiheit bekannten Bild einer „falschen" Toleranz gegenüber kriminellen Muslimen. Mit einer Anklage von Political Correctness und politischer Linken stellt er fest: „Wir müssen endlich akzeptieren, dass politische Korrektheit an ihre Grenzen stößt, wenn sie in ein Dilemma führt. [...] Und gerade diejenigen, welche uns täglich mahnen, aus der Geschichte zu lernen, schweigen nun am lautesten." (Pretzell o. D.).

An einem feinen Spiel zwischen direkter und indirekter Rede in dieser Pressemitteilung, merkt man dass Pretzell sich nicht dem offenen Vorwurf, zur Parteirechten zu gehören, aussetzen will. Tatsächlich bekennt sich der Anwalt als Unterzeichner eines Positionspapiers der „Liberalen in der AfD" auch zu liberalen Grundsätzen (Dokumentation: ef!, 1.4.2014). Gefordert werden in ihm Standpunkte, die denen des Liberalen Aufbruchs in der FDP auffällig nahe stehen. Beide fordern geringere Steuern und eine Beschneidung der Regelungskompetenzen des Staats bis hin zum freien Währungswettbewerb.

Gerade mit Bezug auf diese liberalen Überzeugungen jedoch lässt sich ein Teil der Parteirechten wiederum chiffrenartig repräsentieren. Dies weil im Europaparlament mit den wirtschaftsliberalen Rechtspopulisten der britischen UKIP eine Partei sitzt, die das wettbewerbspopulistische Ressentiment der Bevölkerung noch offensiver als die AfD durch ein Hohelied auf die Marktwirtschaft bündelt (Michelsen 2014). So handelte sich Pretzell auch eine Rüge des AfD-Vorstandes ein, als er auf einer Veranstaltung der JA mit dem Vorsitzenden der UKIP, Nigel Farage, auftrat, von der sich die Parteiführung um Bernd Lucke im Europawahlkampf deutlich distanzierte (Krass 31.3.2014). Pretzells Auftritt mit Farage kann kaum anders als ein Signal an die Parteirechte und die mit dem Parteivorstand unzufriedene Parteibasis gedeutet werden.

Pretzell bedient die Bedürfnisse der Parteirechten aber auch durch sein Abstimmungsverhalten im EU-Parlament. Als einziger der sieben Abgeordneten in der AfD stimmte er mit Nein, als Brüssel zum ersten Mal über Sanktionen gegen Russland in der Ukrainekrise entschied. Der Bielefelder begründete seine Abstimmung auf Facebook neben der offiziellen Parteibeschlusslage auch damit, dass „einseitig das Recht auf Selbstverteidigung und territoriale Integrität betont [wird]. Das Selbstbestimmungsrecht der Völker, welches hierzu in einem gewissen Spannungsverhältnis steht, wird unberücksichtigt gelassen, muss aber nach Lage der Dinge größeres Gewicht erhalten." Laut dem Historiker Heinrich August Winkler ist dieses in der AfD weit verbreitete Argumentationsmuster „völkischer Nationalismus in Reinkultur" (2014). Das völkische Element ist bekanntlich nicht nur einer der Hauptunterschiede zu anderen ausländischen Traditionen des Konservatismus (Greiffenhagen 1971b, S. 14), sondern weist auch wesentliche Schnittmengen mit den Ideen konservativer Revolutionäre und dem heutigen „Ethnopluralismus", also wichtigen ideologischen Fragmenten der gegenwärtigen Neuen Rechten, auf.

Anders als die anderen AfD-Abgeordneten, die laut dem rechtsoffenen Publizisten Jürgen Elsässer insgesamt „die größte Verarschung von Wählern und Mitgliedern, die man sich vorstellen kann“ (Elsässer 19.8.2014) betrieben, bediente Marcus Pretzell die nationalkonservativen Anliegen. In seiner Person berühren sich liberale Standpunkte mit identitären nationalkonservativen Ideenwelten.

3.6 Bernd Kölmel und Ulrike Trebesius: Enttäuschte Konservative und neue Basis

Bernd Kölmel und Ulrike Trebesius sind weitgehend unbeschriebene politische Blätter. Wie Pretzell stehen beide AfD-Landesverbänden vor, Kölmel führt den baden-württembergischen, Trebesius die AfD in Schleswig-Holstein. Trebesius, die vor der Arbeit in der AfD über keinerlei praktische politische Erfahrung verfügte, gelang ein regelrechter Durchmarsch über die WA2013 bis zur Europaparlamentarierin (Schmidt-Phiseldeck 25.5.2014). Dabei wirkt ihr Weg in die Politik beinahe spontan. Die 1970 in Halle (Saale) geborene Bauingenieurin verweist auf die währungspolitischen Beschlüsse, wenn es um den Grund ihres Engagements in der Partei geht (Ebd.). Ebenso ist es im Falle Bernd Kölmels – wobei sein Engagement für die AfD durch die CDU führte. Wie Lucke trat er aus der CDU aus, weil er sich durch deren währungspolitische Beschlüsse zum Euro „politisch heimatlos“ fühlte (Wedekind 27.5.2013). Der Referatsleiter beim baden-württembergischen Landesrechnungshof vertritt erzkonservative Positionen, wie seine Unterstützung der „Demo für alle“ zeigt. Ebenso ist Kölmel Interviewpartner der neurechten Jungen Freiheit.

Möchte man die beiden Politikerinnen politisch einordnen, sprechen die Begründungen ihrer Parteibeitritte dafür, dass sie sich klar mit der offiziellen Parteiprogrammatik identifizieren, ja, im Grunde auf Kurs mit dem Vorstand liegen. Und in der Tat dürften beide Europaparlamentarier durch den Bundesvorstand protegiert worden sein: So hätte dieser Kölmel gar damit beauftragt, die Parteistrukturen in Baden-Württemberg aufzubauen (Wedekind 27.5.2013), Parteisprecher Lucke, Trebesius persönlich bekannt, hätte diese darin bestärkt in der Partei mitzuwirken (Schmidt-Phiseldeck 25.05.2013, Norddeutsche Rundschau 27.5.2014).

Alle Aspekte zusammengenommen erscheinen beide Parlamentarier als Repräsentanten eines wichtigen Typus der AfD-Basis, der den Großteil des Publikums auf Parteiveranstaltungen stellt und der sich vor Gründung der AfD vor allem den Freien Wählern zuwendete (Bebnowski und Kumkar 2013). Es sind jene kleinbürgerlichen Schichten, die sich in Krisenzeiten politisch von anderen Parteien entfremden und einen „Extremismus der Mitte“ (Lipset) beschwören. Die AfD konnte sie durch ihre eurokritische Programmatik aus anderen politischen Zusammenhängen loseisen und an sich binden.

3.7 Repräsentanten: Entstehungsgeschichte und das organisatorische Netzwerk der AfD

Die AfD verkörpert nicht den Anfang politischen Engagements rechts der Unionsparteien, sondern ist die Krönung einer langfristigen Entwicklung. Verfolgt man die politische Verortung und Geschichte der Europaparlamentarier der AfD, dann bildet das Jahr 1992 durch die Verabschiedung des Maastrichter Vertrags ihren Ursprungspunkt. In Reaktion auf ihn gründete sich der Bund freier Bürger (Grewe 1994, S. 69 ff.), seine währungspolitischen Beschlüsse riefen ein kritisches Manifest deutscher Ökonomen hervor (Ohr und Schäfer 1992), das den Startschuss für eine Reihe weiterer währungspolitischer Ökonomenmanifeste in den folgenden Jahren legte (Vaubel et al. 1998; Krämer und Sinn 2012; Plickert 11.9.2013). Wie vor allem Bernd Lucke und Joachim Starbatty zeigen, sind es von Anfang an ordoliberale Ökonomen gewesen, die maßgeblich zur Herausbildung beider eurokritischer Formationen beitrugen.

Über Beatrix von Storch gelangen in den bisherigen konservativen Formationen heimatlos gewordene Anhänger reaktionärer Vorstellungen in das Umfeld der AfD. Auch die Sammlungsversuche von Storchs, die 2004 schließlich zur Etablierung der ZK und der mit ihr verbundenen Aufstellung des Kampagnen- und Initiativennetzwerkes führten, können dabei bis in die 1990er Jahre zurückverfolgt werden.

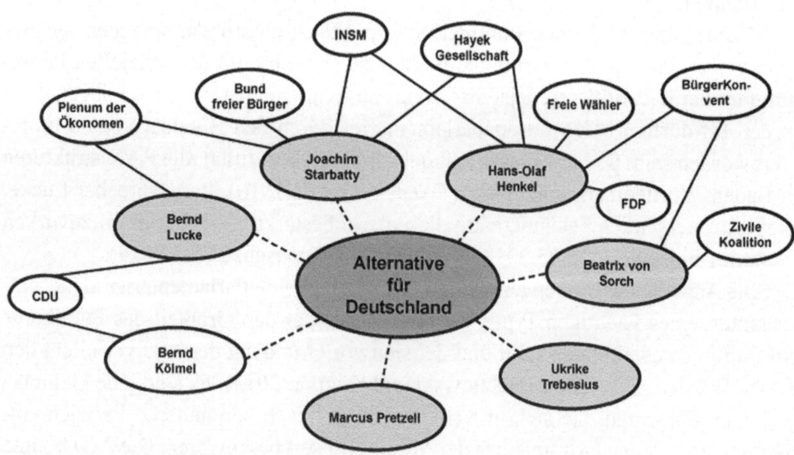

Abb. 3.2 Organisationszugehörigkeiten der AfD-Europaparlamentarier. Für grau hinterlegte Personen können bereits Unterstützungen der WA2013 nachgewiesen werden

Hans-Olaf Henkel schließlich weist als langjähriger Teil der deutschen Wirtschaftselite Kontakte zu besonders vielen der Netzwerke auf, die bereits vor der Gründung der AfD im Bündnis Bürgerwille erkannt werden konnten. Von allen AfD-Europaparlamentariern konnten bei ihm in den vergangenen rund drei Jahren die größten und auch am stärksten öffentlich wahrnehmbaren Versuche beobachtet werden, eine neue eurokritische Partei zu gründen (Kreutzfeld 29.9.2011).

Marcus Pretzell schließlich sendet subtile Signale an die nationalkonservativen und rechtslibertären Ränder der AfD. Mit Bernd Kölmel und Ulrike Trebesius verbindet ihn die Tätigkeit als Vorsitzender eines Landesverbandes der AfD und der schnelle parteipolitische Aufstieg – anders als die letztgenannten Landesvorsitzenden bewegt er sich jedoch in fühlbarer Distanz zur Parteiführung um Bernd Lucke. Rund eineinhalb Jahre nach Gründung der AfD kann über ihre Europaabgeordneten anhand der hier angestrengten repräsentationslogischen Vorstellungen ein neues Netzwerk entworfen werden (siehe Abb. 3.2).

4 Die AfD als Resultat eines populistischen Zeitgeists

Auch wenn die AfD nicht vom Himmel gefallen ist, muss Deutschland zumindest, was den Erfolg einer bundesweit agierenden rechtspopulistischen Partei angeht, als Nachzügler im internationalen Vergleich betrachtet werden. Angesichts dieses Befundes lohnt ein Blick auf Überlegungen des Politikwissenschaftlers Cas Mudde, der bereits 2004 einen sich ausbreitenden „populistischen Zeitgeist" beschrieb. Bekanntlich drückt der Zeitgeist die „für einen bestimmten geschichtlichen Zeitraum charakteristische Gesinnung, [oder] geistige Haltung" (Herder 1769 nach Pfeifer 2005) aus. In ihm findet sich die Essenz der *geistigen Situation der Zeit* (Jaspers 1955 [1931]). Der populistische Zeitgeist drückt also einen wesentlichen Zug der Zeit im *Mainstream* der Politik aus: „at least since the early 1990s populism has become a regular feature of politics in western democracies." (Mudde 2004, S. 551).

Spätestens seit 2009 hat sich dieser populistische Zeitgeist, ausgelöst ganz zweifellos durch die Finanzkrise im Jahr 2008, in die politische Kultur Deutschlands eingegraben. Sie schuf ein Gelegenheitsfenster für populistische Akteure, einen „populistischen Moment" (Priester 2005, 2012a). Solche Momente entstehen zyklisch vor allem nach Wellen des ökonomischen Abschwungs, ihre Triebkraft ist die „Reaktion der politischen Eliten auf diese Wellen" (Priester 2012a, S. 237), wenn es diesen nicht mehr gelingt, „bestimmte Gruppen oder soziale Segmente zu repräsentieren und deren Interessen wahrzunehmen" (Ebd., S. 238, Walter 2013a, S. 6).

Ein Anzeichen dieses populistischen Zeitgeists ist, dass es seit einigen Jahren in allen Parteien geradezu zum guten Ton gehört, gegen die „Parteipolitik" zu wettern und sich als Politiker oder Politikerin bewusst außerhalb der „Klasse der Berufspolitiker" zu positionieren. Die Beliebtheit des ehemaligen Verteidigungsministers

D. Bebnowski, *Die Alternative für Deutschland,* essentials,
DOI 10.1007/978-3-658-08286-4_4

Karl Theodor zu Guttenberg beruhte zu großen Teilen auf der Pose, sich im Amt geradezu als Antithese zum gewöhnlichen Politiker, als *Maverick*, wie die Tea-Party-Republikaner betonen, zu inszenieren (Bebnowski 2011; Twickel 23.2.2011).

Der Durst nach dergleichen Figuren stieg in Deutschland in den vergangenen Jahren rasant. Nicht zuletzt wurde dies in den vielen Bürgerprotesten seit dem Jahr 2010 deutlich, die sich frontal gegen „die Politik" richteten. Bereits 2011 wurden Zustimmungswerte von bis zu 40 % für eine damals noch nicht existente eurokritische Partei erhoben (Focus 10.10.2011). Im Zusammenhang mit der Entstehungsgeschichte der AfD ist wichtig, dass die Freien Wähler, die damals, wie später bekanntlich auch die AfD, nicht nur dezidiert euro-kritisch, sondern auch als unideologische Anti-Partei auftraten (Vgl. kritisch: Lütjen 2011) 2012 ein Wählerpotential von bis zu 25 % besaßen (STERN 20.6.2012). Es war deshalb kaltes Kalkül, dass zunächst das Bündnis Bürgerwille und schließlich die WA2013 auf die Freien Wähler kaprizierte. Erst als diese bei den Landtagswahlen in Niedersachsen den Einzug in den Landtag verpassten, rüstete die WA2013 zur AfD um.

Die Gründung der AfD war ein generalstabsmäßig geplanter Prozess, kein spontanes Zusammenfließen schwarmintelligenter konservativer Graswurzeln. Dies wird nicht zuletzt auch an der Lernfähigkeit der Akteure im Zusammenhang mit mehreren politischen Phänomenen der jüngsten Vergangenheit deutlich. Der Lernprozess, der zur Gründung der AfD führte, wurde bereits vom konservativen Vordenker Rüdiger Altmann ausgedrückt: „Gefragt ist ein politisches Handeln, das ‚seine Rechtfertigung von links' nimmt, ‚die Lösung selbst aber rechts sucht'." (Grebing 1971, S. 58).

In diesem Zusammenhang sind die Bürgerproteste der vergangenen Jahre wichtig. Gerade unter Hochgebildeten und sich nicht selten links verstehenden Aktivisten war eine fundamentale Geringschätzung intermediärer Organisationen und politischer Verfahrensweisen erkennbar (Walter 2013b, S. 313 u. 323 f.). All dies ist wenig überraschend, schließlich lassen Bildung und die Emanzipation aus traditionellen Gesellschaftsbildern die Autorität von Eliten schrumpfen und steigern den Anspruch an die Kompetenz der Politiker (Mudde 2004, S. 554). Gerade letzterer Aspekt ist für die AfD überhaupt *die* Rechtfertigung ihres Bestehens. Auf dem Standpunkt des kompetenten Experten beharrend konnte Bernd Lucke kürzlich sogar Wolfgang Schäuble in die Rolle des Populisten drängen. Der Finanzminister sei ein „Volksverführer", da er nicht ausreichend über die Risiken der „Euro-Rettung" informiere (FAZ 29.9.2014).

Auch diese argumentative Stoßrichtung hat ihre Vorbilder außerhalb der AfD. Über die Wirksamkeit derartiger Diskussionsmuster dürfte seit den Schriften Thilo Sarrazins – auch er ein Ökonom – Einigkeit bestehen. In Sarrazin schließlich zeigt sich, dass der populistische Zeitgeist vor allem von rechts spukte und durch nüchtern klingendes Ökonomenwissen eines grauen Fachmannes ein biederes rhetorisches Gewand erlangte. Ein Erfolgsrezept, das die AfD personell und inhaltlich nutzte. Selbstverständlich zeigen Sarrazins via Vorabdruck in Deutschlands auflagenstärkster Zeitung, BILD, popularisierte Argumente, dass rechtspopulistische Argumente längst vor der AfD im Diskursmainstream ankamen.

Aber auch Kanzlerin Merkel und ihr Stellvertreter Guido Westerwelle hielten sich nicht bei der Artikulation leistungsgesellschaftlicher Argumente zurück. Kaum im Amt sprach Vizekanzler Westerwelle 2009 bei einem Blick auf die Lebensbedingungen prekarisierter Menschen von „spätrömischer Dekadenz". Selbst die liberale ZEIT sprach von einem „Klassenkampf von oben" (Seel 29.10.2009). Angela Merkel bediente später im Zusammenhang mit Hilfskrediten an Griechenland das tief verwurzelte Stereotyp vermeintlich fauler Südeuropäer und verkoppelte so infolge der Finanzkrise grassierende soziale Nöte mit der suggerierten Untätigkeit der Mittelmeeranrainer.

Dieser unterschwellige Rechtspopulismus führte einen *diskursiven Ermüdungsbruch* herbei. Dies zeigt sich darin, dass die AfD kaum Schaden nimmt, wenn der Vorwurf des Rechtspopulismus an sie gerichtet wird. Die genüsslichen Tiraden der Parteispitzen gegen die vermeintliche Diffamierung durch politisch anders Denkende spenden ihr mittlerweile Kraft. Es zeigt sich, dass äußere Anfeindungen integrierend nach innen wirken und nicht wenige von der Politik verdrossene Bürger reaktivieren können. Die CDU unter Konrad Adenauer verfuhr in den 1950er Jahren übrigens nach einer ganz ähnlichen Strategie – und erkor wie die AfD das *Linke* zum Abgrenzungsmerkmal schlechthin (Walter 2009, S. 19).

Zuletzt: In Deutschland konnte diese Partei mit ihrer Mischung von aus der Wirtschaft entnommenen Argumenten und einer Polarisierung gegenüber linker Politik und den „Altparteien" erst in der jetzigen Wirtschaftskrise reüssieren. Die Begründung von ökonomischen Erfolgen und Misserfolgen mit Mentalitäten, kulturellen Entwicklungspfaden und Eigenarten, den „unterschiedlichen ökonomischen Kulturen in den Mitgliedsländern der jeweiligen Staaten" (AfD Europaprogramm), kann nur dann in chauvinistische Überlegenheitsgefühle und feststehende nationalistische Stereotype – etwa das des „faulen Südländers" – übersetzt werden, wenn das eigene Land als Gewinner aus dem Wettbewerb hervorgeht. Bis vor kurzem jedoch galt Deutschland selbst noch als „kranker Mann Europas". Erst als es sich auf seine Exportindustrie gestützt zum Hegemon der Eurozone – dem sprichwörtlichen „Exportweltmeister" – entwickelte, konnte mit dergleichen Argumenten reüssiert werden.

Indes: Man machte es sich zu einfach, ließe man eine Abhandlung zur AfD im Furor mit einem derartigen, im Kern apolitischen, Lamento über die unappetitlichen Folgen einer populistischen Partei enden. Zum Abschluss soll deshalb die

Perspektive verrückt werden – was eigentlich sagt uns die AfD über die Verfasstheit unserer politischen Landschaft?

Könnte es nicht sein, dass die AfD mit einigen ihrer Anklagen Recht hat? Die Ängste der Bevölkerung vor einem Haftungsfall des ESM sind zumindest ebenso verständlich, wie die Wut auf überdrehte Investmentgeschäfte in einem beschleunigten Finanzmarktkapitalismus. Gerade in den Jahren 2011 und 2012 wurden auffällig viele wünschenswerte politische Entscheidungen mit einem Blick auf das Fabelwesen „Märkte" abgewürgt. Es wirkte, als wenn Angela Merkel mit ihrem Ausspruch von der „marktkonformen Demokratie" eine unangenehme Wahrheit artikulierte. Natürlich muss man deshalb fragen, warum verantwortliche Politiker nicht mehr gegen diese Entwicklungen unternahmen. Das Einzige, was an dieser Stelle stutzig macht, ist, dass es ausgerechnet eine neoliberal und restaurativ auftretende Partei ist, die diese Fragen hörbar in die Politik kanalisiert.

Wendet man sich an dieser Stelle dem *Politischen* zu, dann wird man deshalb kaum anders können, als die AfD als ein Symptom einer Demokratie zu werten, die zunehmend *unpolitische* Züge aufweist (Insgesamt: Michelsen und Walter 2013, hier: S. 7–104). Das Oxymoron der „unpolitischen Demokratie" bedeutet *einerseits*, dass es einer zusehends verwalteten und verwaltenden Politik nicht mehr gelingt, unterschiedliche politische Stand- und Streitpunkte im öffentlichen Raum abzubilden. *Andererseits* wäre es ein Trugschluss, anzunehmen, die demokratische Öffentlichkeit würde hochpolitisiert politische Entscheidungen nachverfolgen. Im Gegenteil lässt sich zunehmend eine Simulation (Blühdorn 2013) politischer Verfahren zur Legitimierung eines prekären Status-Quo in vollem Einverständnis mit der Bevölkerung feststellen.

Derartige Beobachtung bilden den Kern einiger der einflussreichsten politikwissenschaftlichen Zeitdiagnosen der vergangenen Jahre (Crouch 2007; Mouffe 2007; Blühdorn 2013). In der Ununterscheidbarkeit der Positionen, dem fehlenden „agonalen" Richtungsstreit erblickt Chantal Mouffe gar die entscheidende Aufstiegsbedingung des Rechtspopulismus (2007, S. 87). Alles in allem entsteht eine sich über den politischen Output legitimierende und von (in Krisenzeiten zunehmend ökonomischen) Sachzwängen beherrschte alternativlos wirkende Demokratie (Michelsen und Walter 2013, S. 10 f.). Bereits der Name der AfD – Alternative für Deutschland – spielt auf diese Fehlentwicklung an.

Um die AfD als Symptom einzuschätzen, kann man sich der Argumentation des Philosophen Slavoj Žižek nähern, der erklärt, dass sich gegenwärtige populistische Bewegungen *gegen* den Aufstieg der unpolitischen *Post-Politik* (Mouffe) richteten (Žižek 2008, S. 268). Am Beispiel der Ablehnung des europäischen Verfassungsentwurfs per Referendum in Frankreich im Jahr 2005 stellt er heraus, dass das Nein für die Hoffnung stehe „that *politics* is still alive and possible, that the debate about what the new Europe shall and should be is still wide open. This is why we, on the left, should reject the sneering insinuation by liberals that, in our ‚no', we find ourselves with strange neo-fascist bedfellows. What the new populist Right and Left share is just one thing: the awareness that *politics proper ist still alive.*" (Ebd., S. 270).

Um der AfD Herr zu werden, sollte es derzeit also um mehr gehen, als sich die Frage zu stellen, wie rechts sie eigentlich ist. Es wäre wichtiger, Versuche zu unternehmen, die Demokratie zu repolitisieren. Man sollte diese Aufgabe nicht der AfD, einem entschlossenen, nationalistisch eingefärbten Projekt neoliberaler Eliten, das den common sense als Kronzeuge für eine weitere Ökonomisierung und Renationalisierung der europäischen Gesellschaften bemüht, überlassen. Es ist Zeit, Alternativen zu dieser „Alternative" zu formulieren.

Was Sie aus diesem Essential mitnehmen können

- Die AfD artikuliert bis ins Reaktionäre reichende konservative und (neo)liberale Politikinhalte.
- Dixe Standpunkte der AfD werden über Chiffren für eine Ansprache des rechten Randes eingesetzt.
- Die Gründung der AfD ist Resultat eines Prozesses mit längerer Vorlaufzeit, der durch unterschiedliche Think-Tanks und politischer Initiativen gesteuert wurde.
- Die AfD ist Resultat eines populistischen Zeitgeistes und eines populistischen Moments, infolge der Finanzkrise (2008) und der relativ guten wirtschaftlichen Situation Deutschlands.
- Die AfD ist Symptom einer „unpolitischen Demokratie".

D. Bebnowski, *Die Alternative für Deutschland,* essentials,
DOI 10.1007/978-3-658-08286-4

Literatur

am Orde, Sabine, und Konrad Litschko. 22.9.2014. AfDler mit rechter Vergangenheit. taz-Online. http://www.taz.de/!146433/.

Ammann, Melanie, et al. 22.9.2014. Obenauf und unten durch. *Der Spiegel, 39*/2014.

Ankenbrand, Nils. 15.12.2013. Der Protestant. *Frankfurter Allgemeine Sonntagszeitung.*

Bebnowski, David. 2011. Barbecue statt Bankett. Blog des Instituts für Demokratieforschung, 1.3.2011. http://www.demokratie-goettingen.de/blog/barbecue-statt-bankett.

Bebnowski, David. 2013a. Populismus der Expertokraten. *INDES* 2 (4): 151–159.

Bebnowski, David. 2013b. Ideologie der Antiideologen. Blog des Instituts für Demokratieforschung, 13.4.2013. http://www.demokratie-goettingen.de/blog/ideologie-der-antiideologen-2.

Bebnowski, David. 2014b. Souveräner Kopf und subsidiäre Füße. In *Rechtspopulismus in Europa,* Hrsg. Alexander Hensel, et al., 19–21. Göttingen: Institut für Demokratieforschung.

Bebnowski, David, und Lisa Julika Förster. 2014. Wettbewerbspopulismus. OBS-Arbeitspapier 14. http://www.demokratie-goettingen.de/content/uploads/2014/03/2014_03_27_AfD_Papier.pdf.

Bebnowski, David, und Nils Kumkar. 2013. „Jeder hat Angst, seinen Besitzstatus zu verlieren". In *Die neue Macht der Bürger,* Hrsg. Franz Walter, et al., 219–249. Hamburg: Rowohlt.

Becher, Philipp. 2013. *Rechtspopulismus*. Köln: PapyRossa.

Bender, Justus. 11.1.2014. Lucke vermisst von Hitzlsperger ein Bekenntnis zu Ehe und Familie. Frankfurter Allgemeine Zeitung-Online. http://www.faz.net/aktuell/politik/afd-landesparteitag-in-hessen-lucke-vermisst-von-hitzlsperger-ein-bekenntnis-zu-ehe-und-familie-12747954.html.

Berking, Kristof. 9.5.1997. Bürgerliches Aufgebot. *Junge Freiheit.*

von Beyme, Klaus. 2013. Konservatismus. Wiesbaden: Verlag für Sozialwissenschaften.

Blankart, Charles B. 2012. Goldgräber bedrohen Euroland. In *Die Zukunft der Währungsunion,* Hrsg. Dirk Meyer, 291–296. Berlin: Lit.

Blühdorn, Ingolfur. 2013. *Simulative Demokratie*. Berlin: Suhrkamp.

Stand aller online zitierter Artikel ist der 20.10.2014

D. Bebnowski, *Die Alternative für Deutschland,* essentials,
DOI 10.1007/978-3-658-08286-4

Burger, Rainer. 19.8.2014. Rechte Alternativen. Frankfurter Allgemeine Zeitung. http://wwwd.faz.net/aktuell/politik/inland/in-duisburg-spricht-sich-afd-mit-rechtsaussen-ab-13106556.html.

Burger, Rainer. 8.10.2014. Zeichen der Ohnmacht. *Frankfurter Allgemeine Zeitung*.

Büscher, Wolfgang. 6.11.2011. Die Geisterpartei. Die Zeit-Online. http://www.zeit.de/2011/45/Neue-Partei.

Crouch, Colin. 2007. *Postdemokratie*. Frankfurt a. M.: Suhrkamp.

Decker, Frank. 2011. Demokratischer Populismus und/oder populistische Demokratie? In *Populismus in der modernen Demokratie,* Hrsg. Florian Hartleb und Friso Wielenga, 39–54. Münster: Waxmann.

Decker, Oliver, Johannes Kiess, und Elmar Brähler. 2012. *Die Mitte im Umbruch*. Bonn: Dietz.

Diehl, Paula. 2011. Populismus, Antipolitik, Politainment. *Berliner Debatte Initial* 22 (1): 27–38.

eigentümlich frei! 1.4.2014. Währungswettbewerb und Steuerfreiheit. eigentümlich frei-online. http://www.ef-magazin.de/2014/04/01/5141-dokumentation-waehrungswettbewerb-und-steuerfreiheit.

Elsässer, Jürgen. 18.2.2012. Konferenz der Euro-Gegner designiert Prof. Schachtschneider als Bundespräsidentschafts-Kandidaten. Elsässers Blog. http://www.juergenelsaesser.wordpress.com/2012/02/18/konferenz-der-europ-gegner-designiert-prof-schachtschneider-als-bundesprasidentschafts-kandidaten/.

Elsässer, Jürgen. 28.5.2013. AfD-Interview in Compact 6/2013. Elsässers Blog. http://www.juergenelsaesser.wordpress.com/2013/05/28/afd-interview-in-compact-62013/.

Elsässer, Jürgen. 19.8.2014. Skandal: AfD stimmt für Sanktionen gegen Russland. Elsässers Blog. juergenelsaesser.wordpress.com/2014/08/19/skandal-afd-stimmt-fur-sanktionen-gegen-russland/.

Europaprogramm der AfD. http://www.alternativefuer.de/wp-content/uploads/2014/03/Europaprogramm-der-AfD.pdf.

Ewert, Burkhard. 21.8.2014. AfD: Petry will Volksentscheid über Abtreibung. Neue Osnabrücker Zeitung-Online. http://www.noz.de/deutschland-welt/politik/artikel/500073/afd-petry-will-volksentscheid-uber-abtreibung.

FAZ. 29.9.2014. AfD greift Schäuble an (o. A). *Frankfurter Allgemeine Zeitung*.

Focus. 18.10.1993. „Kohl will die Auflösung des deutschen Staates" (o. A.*). *Focus*.

Focus. 10.10.2011. Großes Potential für eurokritische Partei. Focus-Online. http://www.focus.de/politik/deutschland/focussiert-grosses-potenzial-fuer-eurokritische-partei_aid_672954.html.

Foucault, Michel. 2004. *Geschichte der Gouvernementalität II*. Frankfurt a. M.: Suhrkamp.

Grebing, Helga. 1971. Positionen des Konservatismus in der Bundesrepublik. In *Konservatismus – Eine Deutsche Bilanz,* Hrsg. Helga Grebing, et al., 33–66. München: Piper.

Greiffenhagen, Martin. 1971. *Das Dilemma des Konservatismus in Deutschland*. München: Piper.

Grewe, Hartmut. 1994. *Der „Bund freier Bürger"*. Sankt Augustin: Konrad-Adenauer-Stiftung.

Großheim, Michael. 2013. „Totaler Staat" oder „Eigenständiges Volk"? In *Staat und Ordnung im konservativen Denken,* Hrsg. Michael Großheim und Hans Jörg Hennecke, 132–188. Baden-Baden: Nomos.

Großheim, Michael, und Hans Jörg Hennecke. 2013. Einleitung. In *Staat und Ordnung im konservativen Denken,* Hrsg. Michael Großheim und Hans Jörg Hennecke, 9–15. Baden-Baden: Nomos.

Habermann, Gerd. 2011. *Freiheit oder Knechtschaft? Ein Handlexikon für liberale Streiter*. München: Olzog.
Habermas, Jürgen. 1992. Citizenship and national identity. *Praxis International* 12 (1): 1–19.
Haimerl, Kathrin. 29.7.2014. AfD soll mit Rechtsextremen paktieren. Süddeutsche Zeitung-Online. http://www.sueddeutsche.de/politik/nordrhein-westfalen-afd-soll-mit-rechtsextremen-paktieren-1.2059356.
Hank, Rainer. 4.5.2014. Die Sphinx. *Frankfurter Allgemeine Zeitung*.
Hankel, Wilhelm, et al. 2011. *Das Euro-Abenteuer geht zu Ende*. Rottenburg a. N.: KOPP.
Harvey, David. 2008. *A brief history of Neoliberalism*. Oxford: Oxford University Press.
Häusler, Alexander. 2013. Die Alternative für Deutschland – eine neue rechtspopulistische Partei? Düsseldorf: Heinrich-Böll-Stiftung. http://www.boell-nrw.de/downloads/AFD_Studie_FORENA_HBS_NRW.pdf.
Häusler, Alexander. 2014. *Mut zur Wahrheit?* Berlin: IG-Metall.
Häusler, Alexander, und Rainer Roeser. 2014. Rechtspopulismus in Europa und die rechtspopulistische Lücke in Deutschland. Erfurt: MOBIT e. V. http://www.mobit.org/Material/Rechtspopulismus_08_2014.pdf.
Hebel, Christina, und Vera Kemper. 15.8.2014. Mölzer-Abend der AfD in Leipzig. Spiegel-Online. http://www.spiegel.de/politik/deutschland/afd-laedt-zum-abend-mit-andreas-moelzer-in-leipzig-a-986281.html.
Heitmeyer, Wilhelm. 2012. Gruppenbezogene Menschenfeindlichkeit (GMF) in einem entsicherten Jahrzehnt. In *Deutsche Zustände. Folge 10,* Hrsg. Wilhelm Heitmeyer, 15–41. Berlin: Suhrkamp.
Henkel, Hans-Olaf. 2012. *Rettet unser Geld*. München: Heyne.
Henkel, Hans-Olaf. 2013. *Die Euro-Lügner*. München: Heyne.
Hesse, Jan-Otmar. 2006. „Der Mensch des Unternehmens und der Produktion". *Zeithistorische Forschung* 3 (2): 291–296.
Holtmann, Everhard, Adrienne Krappidel, und Sebastian Rehse. 2006. *Die Droge Populismus*. Wiesbaden: Verlag für Sozialwissenschaften.
Hunger, Anna, et al. 23.8.2014. Sie glauben daran. *die tageszeitung*.
Jahn, Joachim. 2.7.2012. Eine breite Koalition der Kläger. Frankfurter Allgemeine Zeitung-Online. http://www.faz.net/aktuell/politik/inland/esm-und-fiskalpakt-eine-breite-koalition-der-klaeger-11807338.html.
Jaspers, Karl. 1955 [1931]. *Die geistige Situation der Zeit*. Berlin: De Gruyter.
Johanna, Klatt, und Robert Lorenz. 2011. Voraussetzungsreiches, aber schlagkräftiges Instrument der Zivilgesellschaft. In *Manifeste,* Hrsg. Johanna Klatt und Robert Lorenz, 411–442. Bielefeld: transcript.
Jungbluth, Rüdiger. 1997. Schaden für Deutschland. *Der Spiegel, 42*.
Kanuß, Ferdinand. 12.3.2013. „Alternative für Deutschland" sammelt Anhänger. Wirtschaftswoche-Online. http://www.wiwo.de/politik/deutschland/anti-euro-partei-alternative-fuer-deutschland-sammelt-anhaenger/7916494.html.
Kemper, Andreas. 2013. *Rechte Euro-Rebellion*. Münster: edition assemblage.
Kemper, Andreas. 2014. *Keimzelle der Nation?* Berlin: Friedrich-Ebert-Stiftung. (http://www.library.fes.de/pdf-files/dialog/10641–20140414.pdf).
Klein, Anna, und Wilhelm Heitmeyer. 2012. Demokratie auf dem rechten Weg? In *Deutsche Zustände. Folge 10,* Hrsg. Wilhelm Heitmeyer, 87–104. Berlin: Suhrkamp.
Krämer, Walter, und Sinn Hans-Werner. 2012. Aufruf von 282 deutschsprachigen Wirtschaftsprofessoren. http://www.statistik.uni-dortmund.de/kraemer.html.

Krass, Sebastian. 31.3.2014. Zu weit rechts. Süddeutsche Zeitung-Online. http://www.sueddeutsche.de/politik/wahlkampf-der-afd-jugend-zu-weit-rechts-1.1922788.

Kreutzfeld, Malte. 29.09.2011. Henkel wirbt für Anti-Euro-Partei. taz-Online. http://www.taz.de/!79054/.

Lachmann, Günther. 15.10.2014. AfD-Chef Lucke besiegt seinen ärgsten Widersacher. Welt-Online. http://www.welt.de/politik/deutschland/article133323462/AfD-Chef-Lucke-besiegt-seinen-aergsten-Widersacher.html.

Leber, Fabian. 3.4.2014. Ex-FDP-Mitglieder drängen auf Kurswechsel bei der AfD. Tagesspiegel-Online. http://www.tagesspiegel.de/politik/neugegruendete-liberale-in-der-afd-ex-fdp-mitglieder-draengen-auf-kurswechsel-bei-der-afd/9713892.html.

Leber, Fabian. 4.3.2014. Prominente Liberale verlässt Spitze der AfD. Tagesspiegel-Online. http://www.tagesspiegel.de/politik/afd-pressesprecherin-dagmar-metzger-tritt-zurueck-prominente-liberale-verlaesst-spitze-der-afd/9567646.html.

Lucke, Bernd. 2013. Rede auf dem Gründungsparteitag der AfD in Berlin am 14.4.2013. http://www.deutsche-wirtschafts-nachrichten.de/wp-content/uploads/2013/04/Rede-Bernd-Lucke.pdf.

Lucke, Bernd. 2014. Rede auf dem Mitgliederparteitag in Erfurt am 22.3.2014. http://www.alternativefuer.de/rede-bernd-lucke-auf-dem-mitgliederparteitag-erfurt/.

Lucke, Bernd, et al. 2005. Hamburger Appell. http://www.wiso.uni-hamburg.de/fileadmin/wiso_vwl_iwk/paper/appell.pdf.

Lütjen, Torben. 2011. Jenseits des Parteilichkeit? In *Politik an den Parteien vorbei,* Hrsg. Martin Morlok, 157–172. Baden-Baden: Nomos.

Maier, Anja. 29.9.2014. Da waren's nur noch zehn. taz-Online. http://www.taz.de/Antisemitismus-bei-der-AfD/!146835/.

Mannheim, Karl. 1952. *Ideologie und Utopie*. Frankfurt a. M.: Schulte-Bulmke.

Michels, Reinhold. 29.7.2014. Zu Hause bei AfD-Chef Bernd Lucke. RP-Online. http://www.rp-online.de/politik/deutschland/bernd-lucke-ein-besuch-beim-afd-chef-aid-1.4416077.

Michelsen, Danny. 2014. UKIP und die erlösende Seite der Politik. In *Rechtspopulismus in Europa,* Hrsg. Alexander Hensel, et al., 24–27. Göttingen: Institut für Demokratieforschung.

Michelsen, Danny, und Walter Franz. (2013). *Unpolitische Demokratie*. Berlin: Suhrkamp.

Micus, Matthias. 2014. Das Gespenst des Populismus. In *Rechtspopulismus in Europa*, Hrsg. Alexander Hensel, et al., 12–15. Göttingen: Institut für Demokratieforschung.

Misik, Robert. 26.3.2013. Professor fürs Wutbürgerliche. *Der Freitag*.

Mouffe, Chantal. 2007. *Über das Politische*. Frankfurt a. M.: Suhrkamp.

Mudde, Cas. 2004. The populist zeitgeist. *Government and Opposition* 39 (4): 542–563.

Mundell, und A. Robert. 1961. A theory of optimum currency areas. *American Economic Review* 51 (4): 657–665.

Münkler, Herfried. 2012. *Mitte und Maß*. Hamburg: Rowohlt.

Neuerer, Dietmar. 24.5.2014. AfD-Hilfe durch CDU-Politikerin löst Wirbel aus. Handelsblatt-Online. http://www.handelsblatt.com/politik/deutschland/lengsfeld-rudert-zurueck-afd-hilfe-durch-cdu-politikerin-loest-wirbel-aus/8251532.html.

Norddeutsche Rundschau. 27.5.2014. Horsterin zieht ins Europaparlament (o. A.*). http://www.shz.de/lokales/norddeutsche-rundschau/horsterin-zieht-ins-europaparlament-id6665071.html.

Nullmeier, Frank. 2010. *Kritik neoliberaler Menschen- und Gesellschaftsbilder und Konsequenzen für ein neues Verständnis von „sozialer Gerechtigkeit"*. Bonn: Abteilung Wirtschafts- und Sozialpolitik der Friedrich-Ebert-Stiftung.

O. V. o. D. Beschluss zur endgültigen Einführung der doppelten Staatsbürgerschaft. http://www.alternativefuer.de/beschluss-zur-endgueltigen-einfuehrung-der-doppelten-staatsbuergerschaft/.

Oestreich, Heide. 21.4.2014. Wie gleichberechtigt sind Hinterteile? Taz-Online: http://www.taz.de/!137136/.

Ohr, Renate, und Wolf Schäfer. 1992. Die währungspolitischen Beschlusse von Maastricht fuhren zur Zerreißprobe. *Frankfurter Allgemeine Zeitung,* 11.6.1992.

Pfeifer, Wolfgang. 2005. *Etymologisches Wörterbuch des Deutschen*. München: DTV.

Plehwe, Dieter, und Matthias Schlögl. 2014. Europäische und zivilgesellschaftliche Hintergrunde der euro(pa)skeptischen Partei Alternative für Deutschland (AfD). WZB-Discussion Papers Berlin (Nr. SP III 2014–501). http://www.bibliothek.wzb.eu/pdf/2014/iii14–501.pdf.

Plickert, Philipp. 11.9.2013. Deutsche Ökonomen werfen der EZB Staatsfinanzierung vor. Frankfurter Allgemeine Zeitung-Online. http://www.faz.net/aktuell/wirtschaft/eurokrise/neuer-appell-deutscheoekonomen-werfen-der-ezb-staatsfinanzierung-vor-12569316.html.

Positionspapier Liberaler Aufbruch. o. D. Mehr Mut zu Recht und Freiheit. http://www.liberaler-aufbruch.net/positionen/mehr-mut-zu-recht-und-freiheit/.

Pretzell, Marcus. o. D. Political Correctness ad Absurdum. http://www.marcus-pretzell.de/images/AfD_MP_PM_Ausschreitungen.pdf.

Priester, Karin. 2005. Der populistische Moment. *Blätter für deutsche und internationale Politik* 50 (3): 301–310.

Priester, Karin. 2012a. *Rechter und linker Populismus*. Frankfurt a. M.: Campus.

Priester, Karin. 2012b. Wesensmerkmale des Populismus. *Aus Politik und Zeitgeschichte* 62 (5–6): 3–9.

Raith, Anna. 5.7.2011. „Ich klage nur um Europa zu retten" (Inteview mit J. Starbatty). Deutschlandfunk-Online. http://www.deutschlandfunk.de/ich-klage-nur-um-europa-zu-retten.694.de.html?dram:article_id=70264.

Sarazin, Thilo. 2010. *Deutschland schafft sich ab*. München: DVA.

Schedler, Andreas. 1996. „Anti-Political-Establishment Parties". *Party Politics* 2 (3): 291–312.

Schildt, Axel. 2013. Anpassung und Lernprozesse. In *Staat und Ordnung im konservativen Denken,* Hrsg. Michael Großheim und Hans Jörg Hennecke, 189–209. Baden-Baden: Nomos.

Schlak, Martin. 2.4.2014. Auf einen Tee mit der AfD. Der Freitag-Online. http://www.freitag.de/autoren/der-freitag/auf-einen-tee-mit-der-afd.

Schmidt, Andreas. 9.9.2014. Aktivisten mit Neonazi-Hintergrund in der Sachsen-AfD. ZEIT-Online. http://www.blog.zeit.de/stoerungsmelder/2014/09/09/aktivisten-mit-neonazi-hintergrund-in-der-sachsen-afd_16971.

Schmidt-Phiseldeck, Jan von. 25.5.2014. Trebesius ins Europaparlament gewählt. Kieler Nachrichten-Online. http://www.kn-online.de/Schleswig-Holstein/Landespolitik/AfD-Landeschefin-Ulrike-Trebesius-voraussichtlich-ins-Europarlament-gewaehlt.

Schneider, Jens. 13.9.2013. AfD-Chef warnt vor „sozialem Bodensatz". Süddeutsche Zeitung-Online. http://www.sueddeutsche.de/politik/zuwanderung-als-wahlkampfthema-afd-chef-warnt-vor-sozialem-bodensatz-1.1769714.

Schömann-Finck, Clemens. 9.9.2013. „Wir brauchen eine Zuspitzung der Eurokrise". Focus-Money-Online. http://www.focus.de/finanzen/news/staatsverschuldung/tid-33370/euro-rebell-stabatty-im-interview-wir-brauchen-eine-zuspitzung-der-eurokrise_aid_1092770.html.

Schui, Herbert, et al. 1997. *Wollt ihr den totalen Markt?* München: Heyne.

Seel, Martin. 29.10.2009. Träume eines Geistersehers. *Die Zeit*.

Speit, Andreas. 11.7.2011. Wo die Freiheit anfängt. Jungle World-Online. http://www.jungle-world.com/artikel/2011/29/43616.html.

Speit, Andreas. 26.9.2014. Rechts? Kein schlechter Begriff. taz-online. http://www.taz.de/Rassismus-in-der-AfD/!146696/.

Speth, Rudolf. 2003. Der BürgerKonvent. Hans-Böckler-Stiftung. http://www.boeckler.de/pdf/fo_buergerkonvent.pdf.

SPON. 1.6.2014. Debatte in der CDU: Erika Steinbach wirbt für Koalition mit der AfD. Spiegel-Online. http://www.spiegel.de/politik/deutschland/erika-steinbach-will-koalition-zwischen-cdu-und-afd-a-972753.html.

Starbatty, Joachim. 2013. *Tatort Euro*. Berlin: Europa-Verlag.

STERN. 20.6.2012. Großes Potential für Freie Wähler. STERN-Online. http://www.stern.de/politik/deutschland/stern-rtl-wahltrend-grosses-potenzial-fuer-freie-waehler-1843030.html.

Streeck, Wolfgang. 2013a. *Gekaufte Zeit*. Berlin: Suhrkamp.

Tarrow, Sidney. 1991. Kollektives Handeln und politische Gelegenheitsstruktur in Mobilisierungswellen. *Kölner Zeitschrift für Soziologie und Sozialpsychologie* 43 (4): 647–670.

Thieme, Sebastian. 2013. *Der Ökonom als Menschenfeind*. Opladen: Barbara Budrich.

Twickel, Christoph. 23.2.2011. Geliebter Schwindler. Spiegel-Online. http://www.spiegel.de/kultur/tv/guttenberg-debatte-bei-maischberger-geliebter-schwindler-a-747169.html.

Vaubel, Roland. 2012. Die politische Ökonomie der Staatsschuldenkrise und die Zukunft des Euro. In *Die Zukunft der Währungsunion,* Hrsg. Dirk Meyer, 83–102. Berlin: Lit.

Vaubel Roland, et al. 1998. Der Euro kommt zu früh. http://www.uni-goettingen.de/de/euro-diskussion/65383.html.

Walpen, Bernhard. 2004. *Die offenen Feinde und ihre Gesellschaft*. Hamburg: VSA.

Walter, Franz. 2009. *Charismatiker und Effizienzen*. Frankfurt a. M.: Suhrkamp.

Walter, Franz. 2013a. Ruhe im Sturm? Deutungsverlust und Demokratieschwund in der Krise. *INDES* 2 (1): 6–12.

Walter, Franz. 2013b. Bürgerlichkeit und Protest in der Misstrauensgesellschaft. In *Die neue Macht der Bürger,* Hrsg. Franz Walter, et al., 301–343. Hamburg: Rowohlt.

Wedekind, Elisa. 27.5.2013. „Ich fühlte mich politisch heimatlos". Stuttgarter Zeitung-Online. http://www.stuttgarter-zeitung.de/inhalt.afd-spitzenkandidat-bernd-koelmel-ich-fuehlte-mich-politisch-heimatlos.ca60b989-c3f4–4e72-bed1-8c22fef76721.html.

Winkler, Hans-Ulrich. 2014. Die Rückkehr des völkischen Nationalismus. IP, 17.4.2014. http://www.zeitschrift-ip.dgap.org/de/ip-die-zeitschrift/themen/die-rueckkehr-des-voelkischen-nationalismus.

Žižek, Slavoj. 2008. *In defense of lost causes*. London: Verso.